Graupapageien

intelligent & aktiv

> Autorin: Hildegard Niemann | Fotos: Oliver Giel

Inhalt

Kennenlern-Programm

Fit-und-gesund-Programm

Wohlfühl-Heim

Beschäftigungs-Programm

Anhang

Kennenlern-Programm

Gestatten: Graupapageien

Unter allen Ziervögeln, die in der Obhut des Menschen leben, gehören Graupapageien zweifelsohne zu den beliebtesten. Woher kommt dieser auf den ersten Blick so unscheinbare Papagei, der seine Halter durch seine Intelligenz, seinen Charme und auch seinen Humor so sehr beeindruckt, dass er bereits seit über 300 Jahren von uns Menschen gehalten wird?

Herkunft und Lebensraum

Graupapageien werden in zwei Unterarten eingeteilt: den Kongo-Graupapagei und den etwas kleineren Timneh-Graupapagei. Der ursprüngliche Lebensraum des Kongo-Graupapageis liegt in Zentralafrika und ertreckt sich von der Elfenbeinküste bis West-Kenia und Nordwest-Tansania. Der Timneh-Graupapagei ist in West-Afrika von Süd-Guinea über Liberia bis in den Westen der Elfenbeinküste beheimatet. Graupapageien bewohnen Tieflandwälder, Sümpfe und Mangroven. Sie sind beide durch die fortschreitende Zerstörung ihres Lebensraums, durch ihren schlechten Ruf als Ernteschädlinge in Maisfeldern und durch den Export in Industrienationen bedroht. Der Kongo-Graupapagei gilt in Kenia als fast ausgerottet. Dem Timneh-Graupapagei droht in seinem kleineren Verbreitungsgebiet ein ähnliches Schicksal.

Gute Nacht! Abends sammeln sich riesige Graupapageienschwärme auf Schlafbäumen.

Das Leben im Schwarm

Graupapageien verbringen ihr ganzes Leben im Schwarm. Bis zu 1000 Vögel können sich an Schlafplätzen zusammenfinden, die sich häufig in der Nähe einer Wasserstelle oder eines Flusslaufs befinden. Dort verbringen die Graupapageien in den Kronen hoher Bäume gemeinsam die Nacht. Es gibt Berichte, denen zufolge die Äste solcher Schlafbäume unter dem Gewicht hunderter Graupapageien zusammengebrochen sein sollen. In den Morgenstunden fliegen Gruppen mit bis zu 30 Vögeln unter lautem Rufen zu den mehrere Kilometer entfernten Futterplätzen.

Sind Sie ein Graupapageien-Typ?

	Ja	Nein
1. Haben Sie Zeit, sich mehrmals täglich intensiv mit Ihrem Graupapagei zu beschäftigen?	☐	☐
2. Können Sie mit Futterresten, Federstaub, Kot und angenagten Möbeln leben?	☐	☐
3. Haben Sie die Kosten bedacht (z. B. Futter, Tierarztbesuch, neues Spielzeug)?	☐	☐
4. Sind Nachbarn und Vermieter einverstanden?	☐	☐
5. Ist Ihr Graupapagei versorgt, wenn Ihnen etwas zustoßen sollte?	☐	☐
6. Können Sie den Vogel mit in den Urlaub nehmen, wenn er eine Trennung nicht verkraftet?	☐	☐
7. Können Sie damit leben, wenn Ihr Graupapagei nicht Sie zur wichtigsten Bezugsperson wählt, sondern beispielsweise Ihren Partner?	☐	☐
8. Haben Sie bedacht, dass es auch bei aller Umsicht zu Verhaltensproblemen kommen kann?	☐	☐

Wenn Sie alle Fragen mit »Ja« beantworten konnten, sind Sie ein verantwortungsvoller Graupapageienhalter. Ist jedoch ein »Nein« unter den Antworten, sollten Sie Ihre Entscheidung noch einmal sorgfältig überdenken und sich für eine pflegeleichtere Vogelart entscheiden.

Wichtige Gedanken vor dem Kauf

Graupapageien möchten immer und überall dabei sein, aber nicht dauernd unmittelbar am Geschehen teilnehmen. Besonders Jungvögel unter einem Jahr sind auf den ständigen Kontakt zu ihren Haltern angewiesen und dürfen nicht länger als eine halbe Stunde allein gelassen werden. Es ist daher sehr wichtig, schon im Vorfeld zu klären, ob alle Familienmitglieder mit dem Kauf eines Graupapageis einverstanden sind.

➤ Machen Sie sich in der Familie gemeinsam Gedanken, wie der Graupapagei erzogen, versorgt und in die Familie integriert wird. Graupapageien besitzen ein stark ausgeprägtes Sicherheitsdenken und können schon durch einen veränderten Tagesablauf, spielende Kinder oder häufigen Besuch irritiert werden.

➤ Halter, die viel außer Haus sind und ihren Graupapagei nicht mitnehmen können, sollten sich für eine etwas pflegeleichtere Papageienart wie einen Sittich entscheiden.

➤ Bedenken Sie: Ihr Graupapagei kann bei guter Pflege über 50 Jahre alt werden und ist sein Leben lang auf Sie und Ihre Familie angewiesen.

➤ Seine ausgeprägte Intelligenz macht einen Graupapagei zu einem lebenslangen Gefährten, der die Höhen und Tiefen im Leben seines Halters oder dessen Familie miterleben will. Und er wird Ihnen auch im Alter ein treuer Freund bleiben. Seine Sensibilität, sein feines Gespür für die unterschiedlichen Familienmitglieder sowie sein durch das große Nachahmungstalent individuell ausgeprägter Sinn für Humor, machen ihn zu einem ganz besonderen Papagei.

Gesellige Graupapageien

Ihre Intelligenz und das Bedürfnis nach einer engen Bindung machen Graue zu idealen Heimtieren. Sie sind anspruchsvolle Familienmitglieder und brauchen unbedingt einen Sozialpartner. Ob Sie diese Position einnehmen können oder ob Sie sich gleich ein Vogelpaar, das sich kennt und »liebt«, zulegen, liegt in Ihrem Ermessen.

Tolles Team: Die beiden können noch viel voneinander lernen.

Graupapageien und Kinder

Graupapageien und Kinder verstehen sich gut, wenn die Kinder gelernt haben, sich an einige feste Regeln zu halten. Graupapageien sind Beutetiere, deren Sicherheitsbedürfnis vor allem durch die Familie befriedigt wird. Machen Sie Ihren Kindern klar, dass sie nicht um den Käfig herumlaufen sollen, nicht hineinfassen, nichts hineinwerfen und keine hektischen Bewegungen machen dürfen. Dieser Bereich ist der Privatbereich Ihres Grauen, in den er sich zurückziehen kann. Es kann zu Bissverletzungen kommen, wenn Kinder diesen Privatbereich nicht respektieren und so den Papagei ängstigen und unter Druck setzen.

➤ Lassen Sie Ihre Kinder und deren Freunde nie unbeaufsichtigt mit Ihrem Vogel.

➤ Befreundete Kinder gehören nicht zum »Schwarm« und sind in den Augen des Graupapageis potenziell gefährlich. Es kann zu gefährlichen Situationen mit dem Vogel kommen.

CHECKLISTE

So werden zwei Graupapageien ein Team

Möchten Sie zwei Graue aneinander gewöhnen, die Sie nicht als Paar erworben haben, beachten Sie bitte Folgendes:

- ✔ Beide Vögel brauchen, zumindest am Anfang, je einen eigenen, ausreichend großen Käfig. Das verhindert Streit.
- ✔ Den zweiten Käfig sollten Sie mehrere Wochen vor dem Kauf des neuen Graupapageis erwerben und gut sichtbar für Ihren Vogel reinigen und mitversorgen.
- ✔ Machen Sie die Graupapageien in einem Raum miteinander bekannt, den beide nicht kennen. So umgehen Sie territoriale Ansprüche.
- ✔ Ist der zweite Papagei eingezogen, holen Sie Ihren »alten« Graupapagei immer zuerst aus dem Käfig, um Eifersucht zu vermeiden.
- ✔ Lassen Sie beide Vögel nicht unbeaufsichtigt gemeinsam fliegen und verhindern Sie, dass ein Graupapagei in den Käfig des anderen klettert.
- ✔ Bitte bedenken Sie: Graupapageien sind Individualisten und es kann passieren, dass sich die Vögel nicht akzeptieren. Es ist aber dennoch die Pflicht des Halters, für beide gleichermaßen ein Vogelleben lang zu sorgen.

1 Andere Vögel

Graupapageien sind Individualisten bei der Wahl ihrer gefiederten Freunde. Zwischen verschiedenen Arten kann es bei sorgfältiger Planung und umsichtiger Haltung zu intensiven Freundschaften kommen. Seien Sie aber nicht enttäuscht, wenn es nicht klappt und Sie sich einzeln mit jedem Papagei beschäftigen müssen.

2 Andere Heimtiere

Der Kontakt zu Haustieren muss immer beaufsichtigt werden. Ein Hund kann einen Graupapagei im Spiel durch eine ungeschickte Bewegung verletzen. Zu Problemen kann es kommen, wenn der Vogel Ihre Stimme nachahmt und dem Hund Kommandos gibt. Katzen müssen lernen, den Papagei zu respektieren und ihm fern zu bleiben.

➤ Lassen Sie die Kinder mit dem Graupapagei nur in einem »neutralen Raum« spielen, den der Vogel nicht als Territorium beansprucht. So schaffen Sie eine friedliche Atmosphäre.

Graupapageien und Heimtiere

Machen Sie allen Haustieren klar, dass Sie die Autorität haben. So beugen Sie Übergriffen vor. Seien Sie immer dabei, wenn Ihr Grauer Kontakt zu anderen Tieren hat.

Hunde und Katzen sind Raubtiere, die auch bei sehr guter Erziehung immer noch ihren Jagdtrieb besitzen. Es ist wichtig, dass ein Hund das Kommando »Aus« beherrscht. Durch die Krallen einer Katze kann Ihr Papagei erheblich verletzt werden (→ Foto 2).

Nager und Reptilien in Käfigen und Terrarien sind meist unproblematisch. Aber auch diese Heimtiere sollte man nie mit dem Graupapagei in einem Raum allein lassen.

Graupapageien und andere Vögel: Die Vergesellschaftung von Graupapageien mit anderen Papageien ist nicht einfach, denn in freier Wildbahn gibt es keine zwischenartlichen »Freundschaften« (→ Foto 1). Es kann zu Unverträglichkeiten kommen und dem Halter wird viel Sensibilität abverlangt, um diese schwierige Situation zu meistern. Auch die Vergesellschaftung mit einem anderen Graupapagei bedarf einer gründlichen Vorbereitung (→ Checkliste, links). Rechnen Sie damit, dass sich beide Papageien nicht mögen. Halten Sie kleinere Ziervögel wie Finken nicht mit Graupapageien im Freiflug. Sie könnten durch Bisse verletzt werden.

Faszinierende Fähigkeiten

Die überaus intelligenten Graupapageien haben viele Fähigkeiten, die sie in ihrer natürlichen Umgebung zum Überleben brauchen. Auch in menschlicher Obhut zeigen sie das umfangreiche Spektrum ihres Verhaltens.

Die Sinneswelt

Graupapageien sind als Beutetiere auf hervorragende Sinnesorgane angewiesen.

Sehen: Die seitlich am Kopf liegenden Augen der Graupapageien ermöglichen ihnen nahezu eine »Rundumsicht«. Als Tetrachromaten können Graupapageien sogar die Farbe Ultraviolett erkennen und nehmen ihre Umwelt viel bunter war als wir. Optisch macht man den Graupapageien also nichts vor!

Hören: Wichtig ist auch ein gutes Gehör, denn im natürlichen Lebensraum der Graupapageien kann ein knickender Zweig einen Angriff durch Raubtiere bedeuten.

Tasten: Graupapageien besitzen wie alle Papageien feine Sinnesorgane in den Füßen, mit denen sie Erschütterungen wahrnehmen können. Es ist daher wichtig, den Käfig so zu platzieren, dass er möglichst erschütterungsfrei steht.

> *Ein Fest für die Sinne: Bunte Holzleitern in luftiger Höhe trainieren Gleichgewicht, Muskulatur und optische Wahrnehmung.*

Einfühlungvermögen

All diese Sinne wären jedoch nutzlos ohne die Fähigkeit des Graupapageis, sich in Andere hineinversetzen zu können. Ein Graupapagei muss innerhalb seines Schwarms jede Stimmung sofort aufnehmen und richtig interpretieren können, um zu überleben. Ein trauriges oder gestresstes Familienmitglied gibt dem Graupapagei das Gefühl, dass der »Schwarm« in Gefahr ist und versetzt ihn in erhöhte Alarmbereitschaft.

Bewegungskünstler

Graupapageien fliegen schnell und geradlinig, gehen aber auch gerne einen Teil der

Graupapageien sind so intelligent wie ein fünf- bis sechsjähriges Kind und leben in der emotionalen Welt eines Zweijährigen.

Wegstrecke »zu Fuß«. Sie schätzen stabile Landeplätze und freuen sich über Seile und Äste zum Klettern. Ihre favorisierten Spielzeuge sind Schaukeln, mit denen sie Gleichgewichtssinn und Flugmuskulatur trainieren können (→ Seite 49/51).

Die Geschichte von Alex

Vor über 20 Jahren besuchte die amerikanische Wissenschaftlerin Irene Pepperberg eine Zoohandlung, um sich aus einer Gruppe von acht Graupapageien ein Tier für ihre »Untersuchungen zur Intelligenz von Vögeln« auszusuchen. Sie nannte den männlichen Jungvogel Alex, und er wurde das Objekt einer Studie, die Erstaunliches hervorbrachte. Alex lernte mit einer Methode, die als »Model-Rival-Technik« bezeichnet wird, bis sechs zu zählen, die Bedeutung von »Verschieden« und »Gleich« zu begreifen, Objekte anhand ihrer Farbe, Form und Struktur zu unterscheiden und nach Gegenständen zu fragen, die er nicht sehen konnte. Die Studie ergab, dass Graupapageien die durchschnittliche Intelligenz eines vier- bis sechsjährigen Kindes haben und in der emotionalen Welt eines zweijährigen Kindes leben. Besonders bemerkenswert ist, dass Alex für einen Graupapagei nicht besonders begabt, sondern lediglich sehr gut trainiert war. Alex lebte bis zu seinem plötzlichen Tod mit zwei Graupapageien in einem Labor. Alle Vögel haben dort ganztägig Freiflug und trainieren mehrmals täglich. Alex hatte die Angewohnheit, seine Artgenossen ständig zu verbessern: »Sag es deutlicher, sag es besser!« Irene Pepperberg empfiehlt allen Graupapageienhaltern, viel mit ihren Papageien zu spielen und ihre Intelligenz zu fördern (→ Tipp, unten). Am 6. September 2007 starb Alex unerwartet an den Folgen seiner Arteriosklerose.

TIPP

Kopfarbeit muss sein!

Graupapageien sind sehr intelligente Vögel, die bei Langeweile zu Verhaltensauffälligkeiten neigen.

- Spielen und trainieren Sie daher täglich mindestens zweimal fünf Minuten mit Ihrem Graupapagei.
- In dieser Zeit sollten Sie nicht telefonieren, fernsehen oder sich mit einem Familienmitglied unterhalten. Konzentrieren Sie sich nur auf den Grauen.
- Fordern Sie Ihren Graupapagei und finden Sie heraus, was ihm den größten Spaß bereitet. Dies ist die ideale Zeit für Trick-Training und Intelligenzspiele (→ Seite 54/55).

Zwei Unterarten im Porträt

Sowohl der Kongo- als auch der Timneh-Graupapagei sind wundervolle, aber auch sehr anspruchsvolle Vögel, die sich sowohl äußerlich als auch im Charakter sehr deutlich unterscheiden. Beide Unterarten haben ihre ganz besonderen Vorzüge, denen

Kongo-Graupapageien sind sehr sensibel und intelligent.

man auf jeden Fall Beachtung schenken sollte. Bedenken Sie vor Auswahl und Kauf deshalb bitte unbedingt die folgenden Punkte.

Kongo-Graupapageien *(Psittacus erithacus erithacus)*

Kongo-Graupapageien sind mit bis zu 33 cm Länge und 500 Gramm Gewicht die größere Unterart. Ihr roter Schwanz, ihr schwarzer Schnabel und das silbergraue Gefieder sind zusammen mit ihrer Intelligenz und Sprechbegabung der Grund für ihre große Beliebtheit.

Nachahmungstalent: Kongo-Graupapageien ahmen ab einem Alter von sechs Monaten die ersten Worte nach. Zusammenhängende Sätze oder gar sinnvolle Wortkombinationen gelingen aber häufig erst mit einem Jahr. Dies hängt mit der Sozialisation während ihrer Entwicklung zusammen.

Natürlicher Entwicklungsprozess: In ihrem natürlichen Lebensraum werden die Jungvögel im ersten Lebensjahr von ihren Eltern geführt und sozialisiert. Erst mit einem Jahr verlassen sie die Eltern und gliedern sich in den Schwarm ein. Jungvögel in unseren Haushalten neigen in diesem Alter dazu, ihre Sympathien von einer Person auf die andere zu verlagern und diese Person zu favorisieren. Das ist normal und der Halter sollte es nicht persönlich nehmen. Kann ein Kongo-Graupapagei seine Bezugsperson nicht wechseln, kann dies zu Verhaltensauffälligkeiten führen. Es sollten daher wenigstens zwei Bezugspersonen oder ein zweiter Papagei zusammen mit einem Kongo-Graupapagei leben.

Sensibel und vorsichtig: Kongo-Graupapageien sind viel sensibler als ihre kleineren Verwandten. Sie spüren schnell, ob ihr Halter oder Partner frustriert oder traurig ist und übernehmen diese Stimmung. So steigt der Stress auch beim Graupapagei. Kongo-Graupapageien fühlen sich bei ruhigen, ausgeglichenen Haltern wohl, die sich viel Zeit für die Sozialisation ihrer Tiere nehmen. Hier kann der Kongo-Graupapagei seine Intelligenz voll entfalten und mit seinem manchmal etwas launischen Charakter stets auf Verständnis hoffen.

Ideale Familienvögel: die robusten, schelmischen und neugierigen Timneh-Graupapageien.

Timneh-Graupapageien *(Psittacus erithacus timneh)*

Timneh-Graupapageien sind etwa ein Drittel kleiner und mit 300 bis 400 Gramm auch leichter als Kongo-Graupapageien. Ihr maronenfarbener Schwanz, ihr etwas dunkleres Gefieder und ihr horn- bis beigefarbener Schnabel lassen sie unscheinbar wirken. Doch in Sachen Intelligenz und Sprachbegabung steht der Timneh- dem Kongo-Graupapagei in nichts nach.

Nachahmungstalent: Timneh-Graupapageien beginnen bereits im Alter von sechs Monaten aktiv Sätze und Laute nachzuahmen. Dies erscheint logisch, denn in ihrem natürlichen Lebensraum verlassen sie ihre Eltern schon mit sechs Monaten und gliedern sich in den Schwarm ein.

Natürlicher Entwicklungsprozess: Timneh-Graupapageien müssen sich viel früher mit Artgenossen auseinandersetzen und die Regeln der Gemeinschaft lernen. Da viele im Alter von einem halben Jahr gekauft werden, wechseln sie gleichzeitig mit dem Kauf die Bezugsperson; es kommt nicht zu den Problemen, mit denen viele Halter von Kongo-Graupapageien zu kämpfen haben.

Selbstbewusst und neugierig: Timneh-Graupapageien – egal ob Männchen oder Weibchen – sind aufgeschlossener und selbstsicherer als ihre großen Verwandten und neigen aufgrund ihrer frühen Sozialisation im Schwarm selten dazu, sich zu »Ein-Personen-Vögeln« zu entwickeln. Bietet man ihnen genug Rückzugsmöglichkeiten, machen sie diese Eigenschaften sowie ihre Offenheit neuen Dingen gegenüber zu idealen Heimtieren – auch in etwas lebhafteren Familien. Veränderungen wie der Auszug eines erwachsen gewordenen Kindes, scheinen den Timnehs weniger Probleme zu bereiten. Auch das Federrupfen findet man bei ihnen seltener als bei Kongo-Graupapageien (→ Seite 43).

Fazit: Die Wahl zwischen den beiden Unterarten fällt schwer. Überprüfen Sie vor dem Kauf deshalb genau Ihre Situation und fragen Sie sich, ob Sie eher eine Familie für den sensiblen, humorvollen Kongo-Graupapagei sind oder ob der etwas robustere, kluge Timneh-Graupapagei besser zu Ihnen passt.

Augen auf beim Kauf

Beim Kauf hat man die Wahl zwischen einem Zoofachhändler, einem Züchter oder der Übernahme eines oder mehrerer Tiere aus privater Haltung. Ebenso breit gefächert ist die Preispalette, innerhalb derer Graupapageien angeboten werden.

Junge Graupapageien brauchen sehr viel Zuwendung und Liebe.

Gesetzliche Vorschriften

Graupapageien gehören zu den geschützten Tieren und stehen auf Anhang II des Washingtoner Artenschutzübereinkommens. Sie müssen in Deutschland mit einem geschlossenen Artenschutzring gekennzeichnet sein und nach dem Kauf bei der zuständigen Behörde gemeldet werden. Der Verkauf eines nicht beringten Papageis ist verboten, solche Tiere können beschlagnahmt werden.

- Bestehen Sie beim Kauf auf einen schriftlichen Herkunftsnachweis (Schlupfdatum, Name des Züchters und ggf. der Vorbesitzer, Ringnummer). Lassen Sie sich den Gesundheitszustand des Vogels vom Verkäufer bescheinigen.
- Die Ausstellung einer Quittung oder ein Kaufvertrag sollten ebenfalls selbstverständlich sein. Kein seriöser Züchter oder Händler wird Ihnen diese wichtigen Dokumente verweigern.

Jung oder alt?

Alle Altersstufen haben Vor- und Nachteile:

- Jungvögel sind sehr liebenswert, aber auch sehr anhänglich und dürfen bis zum Ende des ersten Lebensjahrs nicht länger als 30 Minuten allein gelassen werden. Ihre Erziehung kann vor allem in der Pubertät sehr anstrengend sein. Geduld ist gefragt.
- Erwachsene Graupapageien haben einen voll entwickelten Charakter mit allen positiven und negativen Seiten.

TIPP

Worauf Sie beim Kauf achten sollten

- Achten Sie darauf, wie der Züchter oder Händler mit dem Tier umgeht. Ist der Vogel Kontakt zu Menschen gewohnt oder fürchtet er sich? Wurde er sozialisiert oder hat man ihn sich selbst überlassen? Wurde der Jungvogel entwöhnt und kann er selbständig fressen?
- Verzichten Sie auf jeden Fall auf den Kauf eines nicht entwöhnten Papageis!
- Wundern Sie sich nicht, wenn Ihr zukünftiger Graupapagei am Anfang kein Interesse für Sie zeigt. Er weiß nicht, dass Sie sein neuer Halter sind.

Ältere Graupapageien sind große Individualisten, denen man täglich sehr viel Aufmerksamkeit entgegenbringen muss.

➤ Graupapageien mit 35 bis 40 Jahren sind besonders für ruhige Familien und Paare geeignet; sie sind mit einem lebhaften Haushalt überfordert.

Männchen oder Weibchen?

Wenn Sie nicht an die Zucht denken, ist das Geschlecht Ihrer zukünftigen Graupapageien weitgehend unerheblich. Man sagt jedoch den Männchen ein dominanteres Auftreten nach als den Weibchen. Auch neigen männliche Kongo-Graupapageien eher dazu, sich einer einzigen Person anzuschließen. Dieser Entwicklung kann man jedoch entgegenwirken (→ Seite 27). Lassen Sie sich beim Kauf das Geschlecht schriftlich vom Verkäufer bescheinigen – rein äußerlich sind Männchen und Weibchen nicht zu unterscheiden.

Transport ins neue Heim

Für den Transport empfehle ich eine stabile Kunststoffbox oder einen kleinen Drahtkäfig mit Stoffüberzug (beides im Zoofachhandel erhältlich). Versehen Sie den Transportbehälter mit einem Sitzast und bei einer längeren Fahrt mit etwas Wasser und Futter.

CHECKLISTE

Gesundheits-Check

Beobachten Sie den Graupapagei genau, bevor Sie sich zum Kauf entscheiden:

- ✔ Ist er aufmerksam und vorsichtig?
- ✔ Ist sein Gefieder vollständig und glänzend?
- ✔ Sind seine Augen klar und seine Nase sauber?
- ✔ Ist seine Kloake sauber?
- ✔ Sind seine Zehen und Krallen vollständig und gesund?
- ✔ Wurde er sozialisiert?
- ✔ Vereinbaren Sie am Tag des Kaufes einen Termin beim Tierarzt und lassen Sie Ihren Graupapagei durchchecken, bevor Sie ihn in sein neues Zuhause bringen!

Fragen rund um Kauf und Anschaffung

? Soll ich mich beim Kauf eines Graupapageis für einen Vogel aus der Elternaufzucht oder besser für einen aus der Handaufzucht entscheiden?
Vögel aus der Elternaufzucht werden im Nest und während des anschließenden Flüggewerdens von den Altvögeln sozialisiert. Der Halter muss in den ersten Wochen nach dem Kauf vor allem das Vertrauen zwischen sich und dem Jungvogel herstellen. Bei handaufgezogenen Vögeln muss der Halter den Jungvogel sozialisieren, kann aber meist schneller das Vertrauen zwischen sich und seinem Vogel aufbauen (→ Seite 27 und 52). Bedenken Sie Ihre private Situation und entscheiden Sie sich für den Papagei, dessen Bedürfnissen Sie gerecht werden können.

? Kann sich auch ein älterer Graupapagei problemlos in einen neuen Haushalt einleben?
Graupapageien sind zwar sehr konservative Tiere, kommen aber mit einem gut vorbereiteten Wechsel schnell zurecht. Veränderungen in der Haltung wie ein Futterwechsel oder ein anderer Tagesablauf sollten in den ersten zwei Wochen vorgenommen werden, denn in dieser Zeit ist der Vogel offen für neue Erfahrungen und Sie können Ihren Grauen leichter beeinflussen.

? Ich arbeite den ganzen Tag über, möchte mir aber trotzdem einen Graupapagei kaufen. Was empfehlen Sie mir?
Einem einzelnen Graupapagei kann eine berufstätige Person nie genug Kontakt und Zuwendung bieten. Kaufen Sie sich besser zwei ältere Graupapageien, die sich vielleicht schon kennen. Für die Sozialisation und Erziehung von Jungvögeln fehlt Ihnen die Zeit. Selbst wenn Sie zwei Jungvögel kaufen, brauchen diese tagsüber Ihre Erziehung. Ältere Graupapageien sind gefestigter und beschäftigen sich miteinander, während Sie arbeiten.

Lebenswichtige Kontakte: Die beiden gehören zusammen und werden gemeinsam zahm.

Wie versorge ich einen Jungvogel, der nicht länger als 30 Minuten allein bleiben kann?

Jungvögel leiden unter Existenzängsten, wenn sie allein gelassen werden und sind deshalb sehr anspruchsvolle Pfleglinge. Nehmen Sie Ihren Jungvogel mit, wenn Sie aus dem Haus gehen (z. B. in einem Transportkäfig). Gewöhnen Sie den Vogel mit kurzen Fahrten an das Auto. Später darf er Sie zu Freunden oder bei warmem Wetter zu Spaziergängen begleiten. Wenn Sie den Vogel nicht mitnehmen können, bitten Sie einen Nachbarn, kurz aufzupassen. Notfalls besprechen Sie ein langes Tonband, das Sie dem Tier vorspielen können.

Wir haben uns einen 18 Monate alten Graupapagei gekauft. In letzter Zeit ist er sehr eigensinnig, beißt und attackiert meinen Mann. Was können wir tun?

Ihr Graupapagei ist mitten in der Pubertät und wird jetzt erwachsen. In seinem natürlichen Lebensraum würde er jetzt seine Eltern verlassen und sich anderen Graupapageien anschließen. Bei uns ist dies nicht möglich. Beginnen Sie zunächst, restriktiv zu füttern (→ Seite 34), trainieren Sie in einem neutralen Raum die Basiskommandos (→ Seite 53) und machen Sie dann kleine Ausflüge mit Ihrem Grauen. Die neue Umgebung und die anderen Reize sorgen dafür, dass er ausgeglichener wird und sich wohler fühlt.

Wir haben unserem zwei Jahre alten Graupapageienmännchen einen weiblichen Jungvogel zugesellt, der die ganze Zeit schreit. Wie können wir der Kleinen helfen?

Der Jungvogel gibt Kontaktrufe von sich, die vom pubertierenden Männchen nicht ausreichend beantwortet werden. Deshalb fühlt er sich isoliert von seinem Schwarm und ist sehr verunsichert. Lassen Sie den Jungvogel jetzt nicht allein und beantworten Sie stets seine Kontaktrufe. Dies erhöht das Sicherheitsgefühl und etabliert Sie als kompetentes Schwarmmitglied. Die Kontaktrufe werden seltener und Ihr Jungvogel wird selbstsicherer. Hört das Rufen nicht auf, bringen Sie ihn zu einem kompetenten Tierarzt und suchen Hilfe bei einem professionellen Therapeuten.

MEINE TIPPS FÜR SIE

Hildegard Niemann

Knigge für Graupapageien-Halter

Graupapageien sind ausgeprägte Individualisten und gelten als nervöse und ängstliche Vögel. Wenn Sie die folgenden Regeln beachten, wird sich Ihr Graupapagei zu einem selbstsicheren, zufriedenen Vogel entwickeln:

- Die Haltung eines Graupapageis sollte immer eine Symbiose aus den Bedürfnissen des Papageis und Ihren Möglichkeiten sein.
- Prüfen Sie, ob Sie mit dem Charakter Ihres zukünftigen Graupapageis leben können und bedenken Sie bitte bei Jungvögeln, dass sich der Charakter in der Pubertät noch einmal ändern wird.
- Achten Sie darauf, dass der Graupapagei mit der ganzen Familie Kontakte pflegt.
- Graupapageien sind als Beutetiere äußerst aufmerksam und vorsichtig. Führen Sie den Graupapagei daher langsam an Neues heran und zeigen Sie ihm, dass er in Sicherheit ist.

Wohlfühl-Heim

Schöner wohnen

Graupapageien benötigen sehr viel Platz, sowohl in ihrem Käfig als auch beim Freiflug. Ein großer Käfig, ein Schlafkäfig und ein vielseitiger Freisitz gehören daher zur Grundausstattung.

Dieser hängende Freisitz ist Spielplatz und Fitnesstraining zugleich.

Das Vogelheim

Der Tageskäfig sollte so breit und groß wie möglich sein, damit Ihr Graupapagei ausreichend Platz zum Spielen hat. Viele Käfige besitzen Bodengitter, damit der Papagei nicht in seinem Kot spielt. Bei jungen, behinderten und alten Tieren decken Sie das Gitter mit einem Handtuch ab, damit sich der Vogel bei Stürzen nicht verletzt.

➤ Die Käfigtür muss möglichst groß sein, damit Sie ohne Probleme in den Käfig greifen können.

➤ Besitzen Sie mehrere Graupapageien, die sich gut verstehen, sollten Sie über die Anschaffung einer Zimmervoliere nachdenken.

➤ Für eine ungestörte Nachtruhe in einem abgedunkelten Raum benötigt Ihr Graupapagei einen Schlafkäfig, der etwas kleiner sein darf und nur mit einem Sitzast und etwas Futter und Wasser für die Nacht ausgestattet wird.

➤ Stellen Sie den Tageskäfig in eine Zimmerecke, in der das Familienleben stattfindet. Er darf nie direkt vor einem Fenster stehen, da die freie Sicht auf mögliche Gefahren Ihren Vogel verunsichert. Dazu zählen für ihn auch bellende Hunde, Raubvögel oder vorbeifahrende Autos.

➤ Installieren Sie über dem Käfig eine Vogellampe (Fachhandel) mit dem Lichtspektrum der Sonne. Sie garantiert eine ausreichende Vitamin-D3-Bildung und ein gesundes Gefieder (→ Seite 38).

TIPP

So wollen Graupapageien wohnen

➤ Kaufen Sie keine Rundkäfige. Sie bieten keine Ecken, in die sich Ihr Vogel zurückziehen kann. Graupapageien, die in runden Käfigen sitzen, entwickeln Verhaltensauffälligkeiten wie Rupfen, Beißen und Schreien.

➤ Platzieren Sie den Käfig immer gegenüber der Zimmertür und niemals direkt neben der Tür: Ihr Graupapagei wird sich sonst immer erschrecken, wenn jemand den Raum betritt. Hat der Graupapagei jedoch die Tür im Blick, kann er sich auf die Person vorbereiten, die durch den Raum auf ihn zugeht.

Weiteres Zubehör

Neben 18 bis 20 Spielzeugen zum regelmäßigen Durchwechseln, von denen je sechs in Gebrauch sein sollten, benötigt Ihr Graupapagei frische Äste von Obstbäumen oder Weiden zum Benagen, Wasser und Futter am Freisitz und Gelegenheit zum Toben.

Spiel- und Kletterspaß: Inzwischen gibt es Äste mit Schraubgewinde, die sich in die Wand drehen lassen oder Seilspiralen, die man unter die Decke montiert. Diese können die Papageien anfliegen, zerfleddern und auf ihnen schaukeln. Möchten Sie aus unbehandeltem Holz von Obstbäumen einen Freisitz basteln, sollte er maximal bis zur Schulter reichen und nicht direkt neben dem Käfig stehen, damit Ihr Vogel die Strecke im Flug zurücklegt.

Badegelegenheit: Graupapageien erlernen ihr Badeverhalten zwischen dem dritten und sechsten Lebensmonat. Wenn sie in dieser Zeit nicht liebevoll an das Baden herangeführt werden, haben sie später meist große Angst vor Wasser (→ Seite 45). Die Folgen sind ein schlechter Gefiederzustand und Pilzinfektionen der Haut. Im schlimmsten Fall rupfen die Vögel ihr Gefieder (→ Seite 43). Graupapageien benötigen mindestens 60 % Luftfeuchte. Ungiftige, stark verdunstende Zimmerpflanzen und flache Zimmerbrunnen sind eine reizvolle Alternative zu Luftbefeuchtern.

Ionisator: Graupapageien besitzen zur Gefiederpflege Puderdunen. Daher ist die Staubbelastung zumindest in der Nähe des Käfigs sehr groß. Hier empfiehlt sich der Kauf eines Ionisators, der sich in der Nähe des Käfigs anbringen lässt und die Staubbelastung stark vermindert.

Moderne Käfige lassen sich gut in einen Freisitz verwandeln.

CHECKLISTE

Die 3×3-Regel für die Käfigeinrichtung

- ✔ Drei Futternäpfe für Wasser, Körnerfutter und Frischfutter (Brei, Obst, Gemüse).
- ✔ Drei verschiedene Sitzgelegenheiten aus naturbelassenem Holz, Seilen oder einer Schaukel und einer Trimmstange, die im unteren Käfigdrittel angebracht wird.
- ✔ Drei verschiedene Spielzeuge, z. B. ein Holzspielzeug, ein Acrylspielzeug zum Befüllen mit Leckereien und ein Baumwollspielzeug.
- ✔ Hinzu kommt ein kleiner Korb aus unbehandeltem Weidenholz am Käfigboden, der mit so genanntem Handspielzeug, das der Vogel mit dem Fuß halten kann, gefüllt wird.

Sanfte Eingewöhnung

Von Hand aufgezogene Graupapageien benötigen weniger Zeit zur Eingewöhnung als ältere oder von den Eltern aufgezogene Papageien. Diese sind erheblich vorsichtiger und brauchen viel mehr Zeit, sich an ihr neues Zuhause zu gewöhnen. Lassen Sie einen solchen Vogel daheim allein aus seiner Transportkiste in den Käfig klettern. Ein handaufgezogenes Tier dürfen Sie dagegen auf die Hand nehmen und in den Käfig setzen. Gönnen Sie dem Graupapagei jetzt ein bis zwei Stunden Ruhe und beobachten Sie, ob er frisst oder trinkt.

Die ersten Tage

Handaufgezogene Vögel dürfen nach dieser Zeit vorsichtig aus dem Käfig genommen werden, denn sie brauchen jetzt den Kontakt zu ihrem Halter, um sicher zu sein, dass sie nicht allein sind. Sprechen Sie liebevoll mit Ihrem Graupapagei und sagen Sie ihm, wie froh Sie sind, dass er jetzt zu Ihrer Familie gehört. Zeigen Sie ihm das Zimmer, in dem er nun leben wird, und gehen Sie langsam mit ihm darin umher.
Wenn er entspannt ist und Neugier zeigt, setzen Sie ihn ruhig einmal auf den Freisitz. Sobald er müde wird, bringen Sie ihn wieder in den Käfig und gönnen ihm eine Pause. Junge Graupapageien brauchen noch sehr viel Schlaf für eine gesunde Entwicklung.
Graupapageien aus der Elternaufzucht benötigen eine längere Eingewöhnungsphase. Hier sollte sich der Halter stets mit leicht abgewandtem Kopf dem Käfig nähern und den Vogel nicht direkt ansehen. Setzen Sie sich neben den Käfig und lesen Sie dem Grauen laut etwas vor, damit er Ihre Stimme kennen lernt.
Älteren Graupapageien sollte man, sofern sie handzahm sind, eine eintägige Ruhepause gönnen, bevor

Auf zu neuen Taten: Junge Graupapageien müssen immer und überall dabei sein.

man ihnen das neue Heim zeigt. Bisweilen kann es mehrere Monate dauern, bis ein älterer Graupapagei seinem neuen Halter vertraut.

Immer in Kontakt

Junge Graupapageien rufen nach ihrem Halter, wenn dieser das Zimmer verlässt. Sie fühlen sich vom »Schwarm« im Stich gelassen, was in ihrem natürlichen Lebensraum den sicheren Tod bedeuten würde. Jungvögel wissen nicht, wo sie Futter und Wasser finden können und was fressbar ist und sind daher verunsichert. Antworten Sie deshalb stets, wenn Ihr Jungvogel Sie ruft und gewöhnen Sie sich an, immer mit einer bestimmten Floskel wie »Bin gleich wieder da!« aus dem Zimmer zu gehen. Mit der Zeit wird Ihr Grauer lernen, dass Sie zwar kurz das Zimmer verlassen, aber gleich wieder zurück sein werden. Wenn Sie Ihren Vogel an längere Abwesenheit gewöhnen müssen, verwenden Sie dafür bitte eine andere Formulierung wie »Bis später, sei schön brav!« So lernt Ihr Grauer, zwischen langen und kurzen Phasen des Alleinebleibens zu unterscheiden.

Vertrauen schaffen

1

Wenden Sie den Kopf leicht zur Seite und sprechen Sie leise und freundlich. Ein Leckerbissen hilft, die anfängliche Scheu zu überwinden. Kräftig loben, wenn er die Leckerei akzeptiert.

Der erste Ausflug

2

Das Gebiet außerhalb des Käfigs ist für den Graupapagei fremd, und er ist verunsichert. Lassen Sie ihm Zeit und beobachten Sie ihn, bis er sich entspannt. Häufig schütteln Graupapageien ihr Gefieder, wenn sie zu neuen Taten bereit sind.

Dicke Freunde

3

Halten Sie den Graupapagei auf Brusthöhe und achten Sie darauf, dass die Hand nicht absinkt, wenn der Vogel darauf sitzt. Stabilität und Sicherheit sind die Basis für eine vertrauensvolle Beziehung zwischen Graupapagei und Mensch.

Kontaktpflege

4

Graupapageien sind sozial. Ermöglichen Sie allen Familienmitgliedern regelmäßige Kontakte mit dem Vogel. Spiel und Spaß sollten im Vordergrund stehen. Erwünschtes Verhalten beim Freiflug sofort mit einem Leckerchen und Lob belohnen.

Freiflug ist ganz wichtig

Der erste Freiflug ist vor allem für Vögel aus der Elternaufzucht und für ältere Graupapageien ein Abenteuer. Sie kennen die neue Umgebung noch nicht und wissen nicht, wo die stabilste Landemöglichkeit ist. Holen Sie Ihren Graupapagei immer mit der Hand aus dem Käfig ab. So lernt er von Anfang an, dass Sie die Kontrolle über die Zeit außerhalb des Käfigs haben. Ein Graupapagei, der seinem Halter noch nicht so viel Vertrauen schenkt, dass er auf seine Hand steigt, sollte mit einem Stock-Training zuerst an das Aufsteigen auf einen Sitzast gewöhnt werden, bevor er aus dem Käfig geholt wird. Natürlich darf Ihr Papagei während des Freispiels in den Käfig hinein und wieder hinaus, wenn er das möchte. Soll Ihr Graupapagei auf Ihren Wunsch in den Käfig zurück, so setzen Sie ihn wieder mit der Hand hinein. Wenn Ihr Graupapagei bereits in seinem Käfig sitzt, holen Sie ihn noch einmal kurz heraus, loben ihn und setzen ihn zurück. Erst dann schließen Sie die Käfigtür.

Viele Spielzeuge und Landeplätze: Da wird der Freiflug zum Abenteuer!

Sicherheit beim Freiflug

Landen ist eine Kunst für sich – deshalb wird Ihr Graupapagei beim Erkunden seines neuen Lebensraumes auch einmal abstürzen.

➤ Laufen Sie jetzt nicht zu Ihrem Papagei und nehmen ihn sofort auf den Arm, sondern warten Sie, bis er sich von dem Schreck erholt hat und nach Ihnen ruft, damit Sie ihn hochnehmen. Graupapageien suchen in ihrem natürlichen Lebensraum einen Teil ihrer Nahrung auf dem Boden. Hier sind sie besonders durch Greifvögel und Bodenjäger gefährdet. Wenn Sie auf den am Boden sitzenden Graupapagei zustürzen, kann er in Panik geraten, denn Sie verhalten sich in seinen Augen wie ein Raubtier.

➤ Während des Freiflugs ist Ihr Graupapagei vielen Gefahren ausgesetzt. Es ist daher sehr wichtig, dass Sie ihn niemals unbeaufsichtigt fliegen lassen. Vermeiden Sie Gefahren im Freiflugbereich (→ Tabelle, rechts) und bieten Sie Ihrem Papagei viele Landemöglichkeiten an.

➤ Hilfreich sind hier transportable Freisitze wie zum Beispiel ein U-Stand. Setzen Sie Ihren Graupapagei, nachdem Sie ihn aus dem Käfig geholt haben, auf seinem Freisitz ab. Loben Sie ihn kräftig, wenn er dort bleibt, und spielen Sie mit ihm.

Problemlose Rückkehr

Weigert sich Ihr Papagei, wieder in seinen Käfig zu gehen, so locken Sie ihn mit einem Leckerbissen. Wenden Sie niemals Gewalt an und fangen Sie Ihren Graupapagei niemals mit bloßen Händen ein. Diesen Vertrauensverlust werden Sie vermutlich über Monate hinweg aufarbeiten müssen. Lassen Sie die Zeit für sich arbeiten und füttern Sie den Vogel vorerst nur im Käfig, so dass er zum Fressen hineingehen muss.

Vorsicht beim Freiflug in der Küche: Hier lauern viele Gefahren – von der heißen Herdplatte bis zum gekippten Fenster.

Gefahren in Wohnung und Haus vermeiden

Gefahrenquellen	führen zu …
Modeschmuck, Gardinenstangen	… schweren Vergiftungen, wenn sie Schwermetalle enthalten und Ihr Graupapagei daran knabbert.
Teflonbeschichtete Pfannen, elektrische Haushaltsgeräte, Kerzen	… Vergiftungen, da beim Erhitzen giftige Teflondämpfe/Dämpfe entweichen. Kommt der Graupapagei mit heißen Geräten oder brennenden Kerzen in Kontakt, kann er sich stark verbrennen.
Zigaretten	… Rauchvergiftungen oder Vergiftungen bei direktem Kontakt.
Offene Toiletten	… schweren Unfällen, wenn der Graue hineinfällt. Er kann ertrinken!
Deos, Parfums, Shampoos, Seife	… Vergiftungen, wenn der Vogel damit in Kontakt kommt, sie einatmet oder sie frisst.
Zimmerpflanzen (z. B. Azaleen, Weihnachtssterne)	… Vergiftungen, wenn der Graupapagei damit spielt und sie frisst. Eine Liste giftiger Pflanzen finden Sie im Internet (→ Seite 60).
Fenster, Türen, nicht geeignete Käfiggitter	… Frakturen/Verstauchungen, wenn der Vogel gegen die Scheibe prallt. Es kann zu Quetschungen oder Brüchen kommen, wenn der Vogel Zehen in Türspalten und gekippten Fenstern einklemmt.
Kühltruhen, Waschmaschinen	… Dauerstress, wenn sie sich in Käfignähe befinden und der Vogel ständig den Vibrationen ausgesetzt ist.

Die Sache mit dem Nachwuchs

Möchten Sie züchten, ist eine Zuchterlaubnis notwendig. Der Amtstierarzt prüft die Sachkunde des Halters und überzeugt sich vor Ort, ob es im Fall einer Psittakose-Infektion einen Raum gibt, um kranke Tiere unter Quarantäne zu stellen. Züchten Sie nie aus Mitleid, weil Sie denken, die Vögel wären dann glücklicher. Auch in der Natur kommen nur wenige Graue zu einer erfolgreichen Brut.

Bei der Brut brauchen Graupapageien viel Ruhe und kalziumreiches Futter.

Von der Balz zur Brut

Erstes Balzverhalten kann man bei Graupapageien in Käfighaltung mit anderthalb Jahren feststellen. Die Jungvögel sind aber frühestens mit vier Jahren alt genug, selbst Eltern zu werden. In der Balz reagieren die Vögel bisweilen aggressiv gegen Ihren Halter und beginnen, ihr Territorium zu verteidigen.

➤ Wenn Sie züchten wollen, stellen Sie für die Altvögel einen L-förmigen Nistkasten oder eine Bruthöhle bereit.

➤ Achten Sie besonders auf eine ausreichende Kalzium-Versorgung (→ Tipp, unten).

➤ In dieser Phase füttert das Männchen oft das Weibchen, das schließlich die Flügel hängen lässt und ein Hohlkreuz bildet. Wenig später besteigt das Männchen das Weibchen mehrmals am Tag.

➤ Das Gelege besteht aus drei bis fünf Eiern, die meist einen Monat bebrütet werden.

➤ Graupapageien neigen bei Störungen dazu, die Jungen zu verlassen. Sie sollten daher für Notfälle Handaufzuchtfutter und die Adresse eines Fachmanns zur Hand haben.

Entwicklung und Pubertät

Meist werden junge Graupapageien ab drei Monaten oder älter zum Kauf angeboten. Ihr Jungvogel muss entwöhnt

TIPP

Das richtige Aufzuchtfutter

➤ Graupapageien-Futter muss einen hohen Anteil an fettreichen Nüssen und Samen von hoher Qualität haben.

➤ Wenn Papageien Jungvögel aufziehen, sollte der Kalzium-Anteil im Futter deutlich erhöht werden, denn sie sind bei Kalzium-Mangel sehr anfällig für Hypokalzämie, Rachitis und andere Knochenfehlstellungen.

➤ Achten Sie in der Aufzuchtphase auch auf die richtige Beleuchtung. Sie ist für die Bildung von Vitamin-D3 wichtig, ohne das die Tiere das Kalzium nicht in den Organismus einlagern können.

sein, bevor Sie ihn in gute Hände abgeben.
Legen Sie sich solch ein Papageien-Kind zu, wird es in den ersten Monaten nicht von Ihrer Seite weichen, denn für ihn sind Sie seine Lebensversicherung. Timneh-Graupapageien werden schneller unabhängig als Kongo-Graupapageien (→ Seite 12/13).

➤ Mit ungefähr einem Jahr färbt sich die Iris des Auges von Schwarz nach Hellgelb um. Ihr Graupapagei hat jetzt seine endgültige Körpergröße erreicht und ist körperlich voll entwickelt. Bis zu diesem Alter sollte Ihr Graupapagei ein gewisses Basistraining erfahren haben (→ Seite 53). Ab diesem Alter kann er auch mal alleine daheim bleiben.

➤ Mit 18 Monaten setzen die ersten hormonellen Schübe ein, und Ihr Grauer wird zunehmend eigensinniger. Viele Vögel wechseln jetzt oder wenig später die Bezugsperson und wenden sich von ihrem bisherigen Hauptpfleger ab. Dies ist eine völlig normale und gesunde Entwicklung, denn in ihrem natürlichen Lebensraum würden sie jetzt ihre Eltern verlassen, um sich im Schwarm neue Bezugsindividuen zu suchen.

Dieser Jungvogel nutzt jede Gelegenheit, um Unordnung zu stiften. Da fehlt noch ein bisschen Erziehung!

➤ Sie sollten jedoch nicht zulassen, dass Ihr Graupapagei die Kommunikation zu allen anderen Familienmitgliedern verweigert. Dies wird ihn in die Isolation treiben und ist für seine emotionale Stabilität sehr ungesund (→ Seite 43).

➤ Lassen Sie sich von seinem »Machogehabe« nicht beeindrucken, sondern behandeln Sie ihn weiter genauso liebevoll wie bisher. Die Situation wird sich entspannen, wenn Ihr Grauer mit vier Jahren erwachsen und gelassener ist.

Verhaltensdolmetscher

Graupapagei

Kennen Sie die Sprache Ihres Graupapageis? Hier erfahren Sie, was Ihr Graupapagei mit seinem Verhalten ausdrücken möchte ? und wie Sie richtig darauf reagieren →.

Ihr Graupapagei kratzt sich mit dem Fuß am Ohr.

? Es handelt sich um eine sog. Übersprungshandlung: Er überlegt, was er jetzt tun soll.
→ Permanentes Kratzen kann ein Zeichen für eine Infektion sein. Gehen Sie zum Tierarzt.

Die Graupapageien schütteln ihr Gefieder.

? Eine bestimmte Handlung wurde abgeschlossen.
→ Schütteln Sie sich, wenn sich Ihr Graupapagei erschrocken hat. Dies gibt ihm das Gefühl, dass alles in Ordnung ist.

Der Graupapagei beugt sich nach vorn und hebt die Flügel.

? Ihr Graupapagei hat etwas Interessantes entdeckt und wird gleich losfliegen.

➜ Animieren Sie Ihren Vogel oft zum Fliegen. Das hält ihn fit.

Der Graupapagei gähnt und zieht ein Bein ein.

? Ihr Vogel ist müde und möchte ein Nickerchen machen.

➜ Graupapageien benötigen 11,5 Stunden Schlaf. Ein Nickerchen am Mittag ist aber kein Ersatz für fehlenden Nachtschlaf.

Der Graupapagei streckt seinen Flügel und ein Bein.

? Nach einer Ruhepause entspannt er die Muskeln.

➜ Dehnen Sie sich gemeinsam mit Ihrem Vogel. Dies fördert das Zusammengehörigkeitsgefühl.

Der rechte Graupapagei wehrt den anderen mit dem Fuß ab.

? Auseinandersetzungen kommen vor und sind meist harmlos.

➜ Bei permanentem Streit empfiehlt sich ein zweiter Käfig, um die Streithähne zu trennen.

Fragen rund um Eingewöhnung und Entwicklung

? Ich habe einen 20 Jahre alten Graupapagei gekauft, der sehr ängstlich ist und nicht aus dem Käfig kommt. Was kann ich tun?
Ihr Graupapagei hat vermutlich bereits ein sehr bewegtes Leben hinter sich und hat schon schlechte Erfahrungen gemacht. Nähern Sie sich langsam mit abgewandtem Kopf dem Käfig und versuchen Sie, nicht größer als der auf dem Ast sitzende Graupapagei zu sein, damit er sich nicht zusätzlich ängstigt. Sprechen Sie leise und freundlich mit ihm und reichen Sie ihm sein Lieblingsfutter durch das Gitter. Akzeptiert Ihr Vogel diese Situation, füttern Sie ihn durch die geöffnete Tür und beobachten, ob er sich noch vor Ihrer Hand fürchtet. Geduld und Ausdauer sind hier die Wege zu einem Vertrauensverhältnis.

? Unser Graupapagei ist völlig auf meinen Gatten fixiert und mag keine Frauen. Ich bin jedoch tagsüber zu Hause und muss ihn versorgen. Was soll ich tun?
Ihr Graupapagei wurde nicht ausreichend sozialisiert und hat vermutlich nicht gelernt, sich mit allen Familienmitgliedern auseinander zu setzen. Bringen Sie Ihren Graupapagei in ein Zimmer, das er noch nicht kennt und von dem aus er seinen Käfig nicht sehen kann. Spielen Sie hier zweimal täglich mit ihm die Spiele, die ihm am meisten Spaß machen. Verändern Sie seine Käfigeinrichtung und stellen Sie den Käfig an einen anderen Ort, damit Ihr Grauer erkennt, dass er in Ihrem Territorium lebt und nicht in seinem. Legen Sie die Regeln fest und bestärken Sie stets positives Verhalten.

? Mein Jungvogel ruft und jammert den ganzen Tag und frisst sehr schlecht. Ich habe Angst, dass er verhungert.
Bringen Sie Ihren Jungvogel sofort zu einem Tierarzt und lassen Sie ihn untersuchen. Ist Ihr Graupapagei gesund, dürfen Sie mit dem Löffel oder

Oh, wie interessant! Dieser gesunde Jungvogel spielt hingebungsvoll mit seinem Futter.

einer Spritze ohne Nadel zufüttern. Geben Sie dem Kleinen zweimal täglich lauwarmen Futterbrei, dies tut ihm gut und festigt das Vertrauen. Vermutlich ist Ihr Jungvogel noch zu aufgeregt, um regelmäßig ausreichend zu essen. Viele entwöhnte Jungvögel beginnen aus Unsicherheit während der Eingewöhnung in ihr neues Heim erneut zu betteln. Lässt man sie hungern, werden sie unsicher und leiden unter Existenzangst. Dies kann ihr weiteres Leben negativ beeinflussen.

? Mein Graupapagei übergibt sich ständig in meine Hand. Was kann ich dagegen tun?

Auch wenn es schwer fällt das zu glauben, Sie erhalten den größten Liebesbeweis, den Ihnen Ihr Graupapagei geben kann. Er hat Sie zum Partner gewählt und möchte mit Ihnen gemeinsam Nachwuchs aufziehen. Da dies natürlich nicht möglich ist, sollten Sie Ihren Graupapagei, wenn er erneut versucht, Sie zu füttern, zurück in seinen Käfig setzen und sein Verhalten ignorieren. Damit zeigen Sie ihm freundlich, dass Sie ihn zwar sehr lieb haben, aber natürlich keine Jungvögel mit ihm aufziehen können. Meist hört dieses Verhalten nach der Balz wieder auf und kehrt erst mit der nächsten Balz zurück. Kraulen Sie Ihren Grauen in dieser Zeit bitte nicht unter den Flügeln, auf dem Rücken und Bürzel und am Bauch, das stimuliert den Vogel zusätzlich. Ein ähnliches Verhalten kann bei Graupapageien auftreten, in deren Käfig ein Spiegel hängt. Sie erkennen im Spiegel nicht ihr Bild, sondern einen anderen Graupapagei, den sie als Partner betrachten und anbalzen. In diesem Zusammenhang würgen sie ebenfalls Futter hoch, um ihren »Sexualpartner« zu füttern. Dies ist auf Dauer sowohl physisch als auch psychisch für die Vögel sehr ungesund. Die Tiere können durch das permanente Hochwürgen von Futterbrei sogar eine Kropfentzündung bekommen und durch die fehlenden Reaktionen des »Partners« immer frustrierter werden. Ein Spiegel hat deshalb nichts im Käfig Ihres Graupapageis zu suchen und ist niemals ein Ersatz für den fehlenden Sozialkontakt zu Ihnen oder einem Artgenossen.

MEINE TIPPS FÜR SIE

Hildegard Niemann

Richtiges Verhalten belohnen

- Gewöhnen Sie Ihrem Graupapagei an, sich auch einmal alleine zu beschäftigen. Viele Halter neigen dazu, ihren Papagei zu ignorieren, wenn er allein spielt oder sich ruhig verhält. Dieses positive Verhalten sollte jedoch bestärkt werden, damit Ihr Graupapagei lernt, dass dies ein erwünschtes Verhalten ist.
- Gehen Sie zu Ihrem Graupapagei und loben Sie ihn kräftig, wenn er allein spielt. Geben Sie ihm ein Leckerchen und sagen Sie ihm, wie stolz Sie auf ihn sind.
- Achten Sie aber darauf, dass Sie nicht zu ihm laufen, wenn er schreit. Beantworten Sie lediglich jeden seiner Kontaktrufe. Jungvögel, die in den ersten Wochen bereits lernen, dass der Halter bei jedem Rufen sofort herbeieilt, schreien oft unaufhörlich und entwickeln sich zu Problemvögeln. Hier muss dann mit einem speziellen Training gegengearbeitet werden.

Fit-und-gesund-Programm

Lecker und gesund

Graupapageien sind anspruchsvolle Esser, die es ihrem Halter nicht einfach machen, sie optimal zu ernähren. Alle Graupapageien benötigen zwar die gleichen Nahrungsbestandteile, jedoch je nach Alter, Größe, Geschlecht, Lebhaftigkeit, Stress, eventuellen Krankheiten und Hormonstatus einen hohen oder niedrigen Anteil an Fett, Eiweiß, Kohlenhydraten, Vitaminen oder Mineralstoffen. Bringen Sie Ihren Vogel deshalb regelmäßig zur Untersuchung zum Tierarzt. Nur er kann nach der Untersuchung sagen, ob Sie Ihren Graupapagei richtig ernähren.

Treatfeeder: Nur wer den Zylinder hochschiebt, kommt an das Futter.

Die richtige Mischung

Das Futter sollte zu 40 % aus Gemüse, 10 % aus Obst, 25 % aus Extrudaten und 25 % aus einer gesunden Körnermischung mit sehr wenig Sonnenblumenkernen bestehen. Graupapageien haben einen sehr hohen Bedarf an Kalzium und Vitamin A, den Sie über die Nahrung und Futterzusatzstoffe decken sollten.

Weil Papageienhalter mit ihren Pfleglingen meist nicht züchten und die Vögel außerdem weniger Bewegung als in der Natur haben, empfiehlt sich eine »restriktive Fütterung«. Dabei bekommen die Grauen tagsüber vollwertige Extrudate, die sie allerdings über einen längeren Zeitraum beschäftigen, und abends Körnerfutter, damit sie über Nacht satt sind. Achten Sie immer darauf, dass Ihrem Grauen täglich frisches und sauberes Wasser zur Verfügung steht.

Gesunde Fütterung

Graupapageien sind hochintelligent und sollten sich ein

TIPP

Vorsicht: Giftige Nahrungsmittel

➤ Graupapageien sind nicht nur mäkelige, sondern auch sehr empfindliche Esser. Folgende Futterstoffe sind für Papageien verboten, da sie gesundheitsschädlich oder gar giftig sind:
Avocado, Rhabarber, Kaffee, Schokolade, Alkohol, die Samen und Kerne einiger Früchte (z. B. von Pfirsichen, Kirschen und Nektarinen), mit Kohlensäure angereicherte Getränke, Süßigkeiten, Nahrungsmittel mit einem hohen Salz- und Fettanteil, Konservierungs-, Farb- und Aromastoffe sowie gewürzte Speisen.

Drittel ihres Futters selbst erarbeiten. Bieten Sie daher den Grauen zum Frühstück die Hälfte der Extrudate im Napf an und verstecken Sie die restlichen Extrudate in verschiedenen Spielzeugen. Hartes Gemüse wie Stangensellerie, Kohlrabi, Brokkoli und Möhren können auf Fruchtspießen den ganzen Tag über im Käfig angeboten werden. Wässriges Gemüse, wie zum Beispiel Tomate oder Gurke, sollte nach spätestens zwei Stunden aus dem Käfig entfernt werden, da sich schnell ein schleimiger Bakterienrasen auf dem Gemüse bildet. Obst sollte generell nur aus der Hand angeboten werden. Es eignet sich sehr gut als Leckerchen zwischendurch, zum Beispiel während der Tischmahlzeiten des Halters oder als Belohnung für gutes Benehmen. Vergewissern Sie sich stets, dass Ihr Graupapagei das Obst sofort frisst und entfernen Sie Futterreste sogleich. Besonders bei warmem Wetter oder in beheizten Wohnungen bilden sich auf Obstresten, die vom Vogel noch angenagt werden können, Hefe- und Schimmelpilze, die Ihren Graupapagei infizieren können.

Löwenzahn ist nicht nur ein kalziumreiches Grünfutter, sondern beschäftigt den Graupapagei obendrein.

Körner und Leckereien

Körnerfutter und Extrudate sollten im Kühlschrank getrennt voneinander in verschließbaren Plastikdosen gelagert werden. Möchte man regelmäßig mit seinen Graupapageien trainieren, so empfiehlt es sich, die Sonnenblumenkerne aus der Körnermischung auszusortieren und diese als Leckerei ausschließlich für die Trainingseinheiten zu verwenden.

Wann füttern?

Neben den üblichen Mahlzeiten möchten Graupapgeien als soziale Esser auch während unserer Mahlzeiten fressen. Bieten Sie etwas blanchiertes und erkaltetes Gemüse oder Obst an, damit sich die Grauen als Teil der Familie fühlen.

Körner-Junkie

Viele Graupapageien entwickeln sich schnell zu »Körner-Junkies«. Dies liegt zum einen daran, dass Sonnenblumenkerne bei ihnen Glücksgefühle auslösen und zum anderen, dass Ihr Graupapagei gar nicht weiß, dass andere Nahrungsmittel wie Obst und Gemüse überhaupt fressbar und lecker sind.

Zu viele Körner sind jedoch ungesund. Hier ist also die Fantasie des Halters gefragt.

Quell- und Keimfutter: Wenn Ihr Grauer ein »Körner-Junkie« ist, beginnen Sie, ihm einige gequollene (nach 12 Stunden Wasserbad) oder gekeimte Körner zu reichen. Gute und leicht zu säubernde Keimhilfen bekommt man in Bioläden oder Reformhäusern. Verfahren Sie bei der Keimung nach Anleitung der Keimautomaten. Das Keimfutter ist am bekömmlichsten, wenn der Keim gerade zu sehen ist. Waschen Sie das Keimfutter unter fließendem Wasser immer gründlich ab, bevor Sie es verfüttern und entfernen Sie Reste nach zwei Stunden, damit sie nicht verderben. Verfüttern Sie nie verschimmeltes Keimfutter! Ein Esslöffel Keim- oder Quellfutter pro Tag reicht für Ihren Graupapagei.

Frisches Obst und Gemüse sind unverzichtbar für eine gesunde Diät.

Mangelerscheinungen vorbeugen

Um Ihrem Grauen Frischfutter und Eiweiß schmackhaft zu machen, sollten Sie es spielerisch verfüttern. Da Graupapageien schnell unter Vitamin-A-Mangel und Kalziummangel leiden, versuchen Sie, zuerst die Gemüse- und Obstsorten mit einem hohen Anteil an diesen Nährstoffen zu verfüttern. Zu den kalziumreichen Nahrungsmitteln gehören Brokkoli, Löwenzahn, Chicorée, Grünkohl, Petersilie, Schwarzwurzeln, gekochte Bohnen und Erbsen. Kalzium kann auch sehr gut in Form von getrockneten und zerstoßenen Eierschalen, Hüttenkäse oder Magerquark verfüttert werden. Arbeiten Sie diese eiweißhaltige Mischung ein- bis zweimal wöchentlich in den täglichen Futterbrei ein.

Vitamin A bekommen die Vögel durch Möhren, mindestens 20 Minuten lang gekochtes Eigelb, Endiviensalat, Rote-Bete-Blätter, Mangold, grünen Paprika, Rosenkohl, Mais, Zuckererbsen, Zucchini und Alfalfa-Sprossen.

Reichen Sie Obst und Gemüse am Stück, geraspelt, gerieben, blanchiert, gekocht (lauwarm), püriert oder als Saft. Wickeln Sie Blätter um das Käfiggitter oder stecken Sie große Stücke auf einen Fruchtspieß. Der Fantasie sind keine Grenzen gesetzt – wichtig ist, dass Ihre Grauen viel Obst und Gemüse fressen. Wundern Sie sich nicht, wenn ein Nahrungsmittel zwei Wochen lang gefressen und dann plötzlich ignoriert wird. Bieten Sie es trotzdem immer wieder an und geben Sie nie auf! Viele Graupapageien aus schlechter Haltung brauchen Jahre, bis sie sich an gesundes Futter gewöhnen.

Vitamin- und Mineralstoff-Präparate

Sprechen Sie einmal jährlich mit Ihrem Tierarzt über die Zugabe dieser Stoffe. Normalerweise sollte der Bedarf Ihres Grauen komplett über die Nahrung gedeckt werden. Der Bedarf an Mineralstoffen kann auch über einen Mineral- oder Kalkstein zugeführt werden. Oder Sie mischen ein spezielles Präparat aus dem Zoofachhandel unter die Körner. Sollten bei Ihrem Graupapagei ernsthafte Mangelerscheinungen auftreten (→ Seite 38), wird Ihnen Ihr Tierarzt sicherlich bei der Wahl und Dosierung des richtigen Präparats helfen.

Das Auge isst mit: Machen Sie die Nahrungssuche aufregend – das fordert Ihren Graupapagei und beschäftigt ihn zusätzlich.

Da steckt Gesundheit drin

Nährstoffe	**enthalten in:**
Eiweiß:	Magerkäse, Eier (20 Minuten lang gekocht), Tofu, gekochtes, ungewürztes Hühnchenfleisch, Nüsse, Hülsenfrüchte wie Bohnen oder Erbsen
Kohlenhydrate:	Chicorée, Grünkohl, Brokkoli, Schwarzwurzeln, Kartoffeln, Süßkartoffeln, Möhren, Endiviensalat, Rote Bete, Mangold, Paprika, Rosenkohl, Mais, Okra, Zuckererbsen, Zucchini, Tomaten, Radieschen, Blumenkohl, Stangensellerie, Orangen, Äpfel, Kürbisse, Mangos, Melonen, Dattelpflaumen, Aprikosen, Papayas, Erdbeeren, Bananen, Weintrauben, Nektarinen, Birnen, Vollkornbrot, Vollkornnudeln, Reis, Getreide, ungesalzenes, ungesüßtes Gebäck
Fette:	Nüsse (keine Erdnüsse!), Saaten, magerer Käse wie Hüttenkäse
Vitamin D:	Eigelb (20 Minuten gekocht), Lebertran, Süßkartoffeln, dunkelblättriges Gemüse (zur Vitamin-D-Bildung brauchen die Tiere das volle Sonnenlichtspektrum)
Vitamin C:	Kartoffeln, Brokkoli, rote und grüne Paprika, Tomaten, Erbsen, Zucchini, Blumenkohl, Grünkohl, Honigmelonen, Mangos, Erdbeeren, Orangen
Magnesium:	Getreide, Saaten, dunkelgrünes Gemüse, Äpfel, Mais, Hülsenfrüchte, Nüsse, Mandeln (wenige). Magnesium ist wichtig zur Verarbeitung von Kalzium.
Phosphor:	Siehe Eiweiß. Phosphor ist wichtig zur Verarbeitung von Kalzium.

Pflege-Einmaleins

Die Körperpflege der Graupapageien ist sehr aufwendig, denn sie besitzen so genannte Puderdunen. Diese sondern einen feinen Staub für die Gefiederpflege ab. Aufgrund des Puderstaubs sollten Ihre Graupapageien möglichst jeden zweiten Tag baden, wenn die Tiere keine Angst davor haben (→ Seite 21/45). Zur Schnabel- und Krallenpflege benötigen die Grauen eine Trimmstange mit rauem Zementguss und viele frische Zweige (→ Foto rechts). Mit der Trimmstange bleiben die Krallen in Form und der Schnabel wird durch Reiben am Ast gesäubert. Achten Sie darauf, dass die Äste so angebracht sind, dass sie nicht verkotet werden können. Wenn sich Ihre Grauen an einem verschmutzten Ast den Schnabel säubern, kann dies eine bakterielle Infektion nach sich ziehen. Sollten die Krallen trotz ausreichender Abriebmöglichkeiten zu lang werden, muss ein Tierarzt sie fachmännisch kürzen.

Ein Seilring massiert die Fußsohlen und ist eine herrliche Schaukel.

Gefieder und Mauser

Jedes Jahr durchlaufen die Vögel die Mauser, bei der alte Federn durch neue, voll funktionsfähige ersetzt werden. Da unsere Grauen unter anderen Umweltbedingungen leben als ihre Artgenossen im Freiland, kann es zu einem abweichenden Mauserzyklus kommen. Dies ist kein Grund zur Sorge, so lange sich das Gefieder normal entwickelt. Achten Sie in der Mauser darauf, dass Ihr Grauer reichlich Kalzium, Vitamin A und hochwertiges Protein bekommt, denn dies benötigt er zur Federbildung (→ Tabelle, Seite 37). Ebenso wichtig ist das richtige Licht; hier hilft bei reiner Innenhaltung eine spezielle Vogellampe (→ Seite 20). Werden diese Grundbedürfnisse nicht erfüllt, kann es zu brüchigem, stumpfem Gefieder, Stresslinien oder Farbabweichungen auf den Federn kommen.

Saubere Sache

Wegen des Puderstaubs gehören Staubsauger und ein feuchter Lappen zum täglichen Handwerkszeug.

➤ Wechseln Sie täglich die Futternäpfe und säubern Sie die Kotschublade. Bei den meisten Volieren sind Gitter zwischen dem oberen Käfigteil und der Schublade. Legen Sie diese nur mit Papier aus, Sand ist nicht nötig. Das erleichtert die Reinigung.

➤ Polstert ein Handtuch den Käfigboden, weil Ihr Graupapagei bereits sehr alt oder

1 Gefiederpflege

Ein gesunder Graupapagei widmet seinem Gefieder viel Pflege. Neben ausreichend hoher Luftfeuchte darf der Graue so oft baden wie er will. Krankes Gefieder ist stumpf, brüchig und weist Stresslinien auf.

2 Schnabelpflege

Der Schnabel ist die »dritte Hand« des Graupapageis. Regelmäßiges Wetzen an frischen Zweigen hält den Schnabel sauber, glänzend und gesund. Frische Zweige sorgen dafür, dass er nicht zu lang wird.

3 Krallenpflege

Besonders junge Graupapageien haben spitze Krallen, um sich im Geäst festzuhalten. Viele unterschiedlich dicke Zweige sorgen für eine regelmäßige Abnutzung und machen das Trimmen der Krallen meist unnötig.

noch sehr jung ist, wechseln Sie dieses ebenfalls täglich.

➤ Überprüfen Sie das Spielzeug im Käfig auf Verschmutzung. Lassen Sie es nach dem Reinigen unbedingt trocknen, bevor Sie es wieder in den Käfig hängen. Entfernen Sie verkotete Zweige.

➤ Prüfen Sie täglich den Freisitz, damit sich Ihr Vogel nicht an defektem Spielzeug verletzt oder mit den Krallen in fransigen Seilen hängen bleibt.

CHECKLISTE

Pflegeplan

Täglich:

✔ Beobachten Sie 10 Minuten Ihre Graupapageien: Sind sie munter und aufmerksam, ist ihr Gefieder glatt und glänzend, sind Augen, Nase, Schnabel und Kloake sauber?

✔ Beobachten Sie, wie viel und welches Futter Ihre Grauen fressen und konsultieren Sie einen Tierarzt, wenn Sie Ungewöhnliches bemerken.

✔ Waschen Sie alle Futternäpfe und wechseln Sie Frischkostnäpfe nach der Mahlzeit aus. Achten Sie darauf, dass immer frisches und sauberes Wasser zur Verfügung steht.

✔ Wechseln Sie den Papierbelag des Käfigbodens und entfernen Sie Kotspuren auf Spielzeugen und Ästen.

Wöchentlich:

✔ Waschen Sie den ganzen Käfig mit Wasser aus und lassen Sie ihn – wenn möglich – an der Sonne trocknen.

Monatlich:

✔ Nehmen Sie alle Gegenstände aus dem Käfig und überprüfen Sie sie auf ihre Sicherheit. Schauen Sie nach, ob Schrauben und Steckverbindungen voll funktionsfähig sind. Dies ist eine gute Gelegenheit, den Käfig zu desinfizieren. Lassen Sie sich vom Tierarzt ein geeignetes Desinfektionsmittel empfehlen.

Gesundheitsvorsorge

Wenn ein Graupapagei in seinem natürlichen Lebensraum erkrankt, wird er diese Schwäche so lange wie möglich versuchen zu verbergen. Die anderen Schwarmmitglieder stoßen einen kranken Vogel aus, weil er Räuber anzieht und damit die Sicherheit aller gefährdet. Auch ein Graupapagei in Menschenobhut wird eine Krankheit sehr lange vor Ihnen verstecken. Wenn Sie erkennen, dass ein Graupapagei sich unwohl fühlt, ist er mit Sicherheit bereits ernsthaft krank.

Kontrolle: Um schleichende Krankheiten rechtzeitig zu erkennen, sollten Sie Ihren Grauen zweimal pro Woche wiegen (→ Foto 1, rechts). Dazu setzen Sie das Tier auf eine Küchenwaage, die Sie mit einem Handtuch polstern (bitte dieses Gewicht wieder abziehen). Oder Sie locken den Graupapagei mit einem Leckerchen auf die Waage. Ein Gewichtsverlust ist meist der erste Hinweis auf eine schwere Krankheit.

Komfortverhalten: Der Graue streckt sich, ist entspannt und fühlt sich wohl.

Notfallapotheke

Richten Sie sich für Notfälle eine Apotheke ein. Diese sollte blutstillende Watte, Eisen-III-Chlorid-Lösung, sterile Einwegspritzen, Tupfer, Mullkompressen, Wattestäbchen, eine elastischen Binde, eine Wärmelampe, Handaufzuchtfutter (bitte im Gefrierschrank lagern) und verschiedene Tees (z. B. Kamillentee) enthalten. Eine Transportbox,

CHECKLISTE

Krankheitsanzeichen & Sofortmaßnahmen

Bei allen genannten Krankheitsanzeichen sollten Sie sofort zum Tierarzt gehen.

- ✔ Plötzliche Passivität, erhöhtes Schlafbedürfnis, Teilnahmslosigkeit: Stellen Sie eine Wärmelampe auf und bieten Sie viel Flüssigkeit an.
- ✔ Hochwürgen von Nahrung über einen längeren Zeitraum, Erbrechen, verklebtes Gefieder um den Schnabel: Bieten Sie eine Wärmelampe und viel Flüssigkeit an.
- ✔ Niesen mit eitrigem Ausfluss: Erhöhen Sie die Luftfeuchte auf über 70 % und stellen Sie eine Wärmelampe auf.
- ✔ Den ganzen Tag über aufgeplustertes Gefieder: Stellen Sie eine Wärmelampe auf.
- ✔ Exzessives Kopfschütteln, Krämpfe, Von-der-Stange-Fallen: Setzen Sie den Vogel in eine dunkle kleine Kiste.
- ✔ Appetitlosigkeit: Wiegen; bieten Sie Aufzuchtfutter an.
- ✔ Plötzliche Aggressivität: Beobachten Sie den Vogel. Wird ein Körperteil geschont?
- ✔ Übel riechender Durchfall: Bieten Sie Aufzuchtfutter und verdünnten schwarzen Tee an.
- ✔ Atemgeräusche, Husten, erschwerte Atmung: Erhöhen Sie die Luftfeuchte.

1 Gewichtskontrolle

Wiegen Sie Ihren Graupapagei zweimal pro Woche und notieren Sie sein Gewicht in einer Tabelle. Eine Küchenwaage mit einem Handtuch reicht hierfür aus. Sowohl bei plötzlichem als auch bei schleichendem Gewichtsverlust muss Ihr Grauer sofort zum Tierarzt. Die Gewichtstabelle gibt Ihrem Tierarzt wichtige Informationen.

2 Krankenpflege

Entkräftete und kranke Graupapageien müssen zusätzlich zur gewohnten Kost mit lauwarmem Handaufzuchtfutter wieder aufgepäppelt werden. Benutzen Sie eine Einwegspritze ohne Nadel oder einen gebogenen Löffel. Auch Medikamente lassen sich viel leichter geben, wenn man sie unter den Brei mischt.

die Ihr Grauer idealerweise kennt, muss immer bereit stehen, um das Tier bei Unfällen schnell zum Tierarzt bringen zu können. Hängen Sie Telefonnummer und Adresse des Tierarztes gut sichtbar neben Ihr Telefon.

Der Tierarztbesuch

Bringen Sie Ihren Graupapagei einmal jährlich zur großen tierärztlichen Untersuchung. Graue über 35 Jahre und Jungvögel bis drei Jahre sollten halbjährlich vorgestellt werden. So lernt Ihr Tierarzt die Vögel kennen, und Sie verlieren nicht wertvolle Zeit durch die Vermittlung von Grundinformationen, wenn Ihr Graupapagei bereits erkrankt ist.

Sofortmaßnahmen: Isolieren Sie den kranken Vogel. Er kann die anderen anstecken und braucht viel Ruhe. Eine Wärmelampe sorgt dafür, dass er, selbst bei ausreichend hoher Zimmertemperatur, keine Wärme und Energie verliert. Bei Kopfverletzungen und Krämpfen dürfen Sie die Lampe nicht verwenden. Setzen Sie den Vogel ruhig und dunkel (→ Checkliste, links). Sprechen Sie die Diät Ihres kranken Vogels mit dem Tierarzt ab. Oft ist kurzzeitig das Zufüttern mit Aufzuchtbrei nötig, damit das Tier wieder zu Kräften kommt. Eine Einwegspritze ohne Nadel oder ein gebogener Teelöffel helfen beim Füttern (→ Foto 2).

Achtung: Die Papageienkrankheit (Psittakose) ist auch für Menschen ansteckend und muss beim Amtstierarzt angezeigt werden. Sollte bei Ihnen ein schwerer grippaler Infekt auftreten, erwähnen Sie in jeden Fall bei Ihrem Hausarzt die Papageienhaltung.

Sensible Charaktervögel

Graupapageien sind in ihrem natürlichen Lebensraum stets auf den Kontakt zu Artgenossen angewiesen, um überleben zu können. Sie beobachten die Signale ihrer Schwarmmitglieder sehr aufmerksam, damit sie Gefahren rechtzeitig erkennen können. Unsere Grauen besitzen somit eine sehr gute Auffassungsgabe.

Dieser junge Graupapagei hat ein inniges Verhältnis zu seiner Halterin.

Ruhe ist das A und O

Graue haben auch ein gutes Gedächtnis und sind hochsensibel für die Gefühle Ihrer Bezugsperson. Das bedeutet, dass sie sehr genau spüren, in welcher Stimmung Sie sind. Wenn Sie gestresst von der Arbeit kommen und sie holen Ihre Vögel sofort aus dem Käfig, werden Sie nervöse und unsichere Tiere vorfinden. Ein gestresstes Familienmitglied bedeutet für die Grauen, dass der Schwarm in Gefahr ist.

Dampf ablassen: Wenn Sie verärgert, angespannt oder unruhig sind, gehen Sie erst spazieren oder hören Sie Musik. Nun können Sie sich gut gelaunt und ausgeglichen mit Ihren Grauen beschäftigen.

Typisch Graupapagei

Neben dieser Sensibilität sind Vorsicht und Aufmerksamkeit ein Markenzeichen aller Grauen. Ihre Papageien werden bald wahre Meister im Erkennen Ihrer kleinen Schwächen und Neigungen sein. Hinzukommend besitzen sie ein hochentwickeltes Nachahmungstalent und sind in der Lage, mit erlerntem Vokabular eigene Sätze zu formulieren. Vielen Graupapageien sagt man einen Sinn für Humor nach, der oft auch situationsbedingt eingesetzt wird. Die hohe Intelligenz der Grauen fordert den Halter ganz besonders heraus. Neben 18 bis 20 Spielzeugen, die jeder Graupapagei besitzen sollte, muss er mindestens einmal täglich intellektuell gefordert werden, um ausgeglichen und gesund zu bleiben. Fehlen solch neue Reize, werden die Tiere übervorsichtig.

Psychische Probleme

Leider kann die große Sensibilität und hohe Intelligenz auch zu Problemen führen. Graue, deren Bedürfnisse nach Sicherheit und emotionaler Stabilität nicht befriedigt werden, sind verhaltensauffällig. Schreien, Beißen, Rupfen, Phobien, Teilnahmslosigkeit und zwanghaftes Verhalten sind die Folge. Ohne professionelle Hilfe enden viele solcher Papageien in Auffangstationen und fristen dort oft ein trauriges Leben.

Hilfe bei Verhaltensauffälligkeiten

Schreit, wenn Halter den Raum verlässt

Ursache: Verlust des Kontaktes zum »Schwarm«. Bei Jungvögeln treten Existenzängste auf.

Was Sie tun können: Verabschieden Sie sich vor dem Verlassen des Zimmers immer z. B. mit »Komme gleich wieder«. Beantworten Sie Kontaktrufe. Nehmen Sie unsichere Vögel mit. Bei älteren Tieren bringen Sie einen Spiegel so an, dass der Graue Sie außerhalb des Zimmers sehen kann.

Beißt und ist aggressiv

Ursachen: Mangelhafte Sozialisation, mehrdeutige Signale vom Halter, Überdrehtheit oder Müdigkeit.

Was Sie tun können: Finden Sie die genauen Ursachen heraus und unterbinden Sie diese. Geben Sie niemals dem Papagei die Schuld! Bei Bissen ruhig bleiben, scharf »Nein« sagen, den Grauen absetzen und streng ansehen. Bessert sich die Situation nicht, sollten Sie professionelle Hilfe suchen.

Verlässt den Käfig nicht, extreme Ängste

Ursache: Phobien oder traumatisierende Erlebnisse.

Was Sie tun können: Analysieren Sie die Phobie und gehen Sie traumatisierenden Erlebnissen auf den Grund. Erarbeiten Sie einen Weg, das Tier aus seiner Isolation zu holen. Sehen Sie es nie direkt an. Sprechen Sie leise und freundlich und lesen Sie viel laut vor. Ihr Grauer braucht viel indirekte Nähe. Die Heilung von Phobien dauert oft bis zu drei Jahren.

Beißt Fremde und ist auf Sie fixiert

Ursache: Kommunikationsdefizit, soziale Isolation, abhängig von einer Person.

Was Sie tun können: Einzeltraining mit anderen Familienmitgliedern in einem neutralen Raum. Besuchen Sie oft gemeinsam Freunde. Vor allem nicht favorisierte Familienmitglieder sollten ihm Leckerchen und Aufmerksamkeit geben. Tritt keine Besserung ein, sollten Sie professionelle Hilfe suchen.

Rupft sich seine Federn aus

Ursache: Unsicherheit, Langeweile, keine Sozialisation.

Was Sie tun können: Bringen Sie das Tier sofort zum Tierarzt. Überprüfen Sie die Haltung. Beachten oder kommentieren Sie das Rupfen nicht. Befriedigen Sie das Sicherheitsbedürfnis des Grauen, bieten Sie viel weiches Spielzeug mit hohem Leder- und Baumwollanteil an. Tritt keine Besserung ein, professionelle Hilfe suchen.

Verstümmelt sich (Automutilation)

Ursache: Defizite in der Haltung und der Sozialisation.

Was Sie tun können: Bringen Sie den Grauen sofort zum Tierarzt, er wird beruhigende Medikamente einsetzen. Überprüfen Sie die Haltung. Lassen Sie den Grauen nicht alleine, da die Gefahr des Verblutens besteht. Unbedingt sofort professionelle Hilfe suchen; dieses Verhalten ist psychisch bedingt und lebensbedrohend!

Fragen rund um Ernährung und Pflege

? Wir haben einen Graupapagei aus mangelhafter Haltung gekauft. Er ist in einem schlechten Allgemeinzustand und frisst nur Sonnenblumenkerne. Was können wir tun?

Bringen Sie den Graupapagei als Erstes zu einem Tierarzt und lassen Sie eine gründliche Untersuchung aller Blutwerte durchführen. Vermutlich leidet der Graue unter Mangelerscheinungen, die zunächst tierärztlich behandelt werden müssen. Versuchen Sie außerdem nach Absprache mit dem Tierarzt die Ernährung umzustellen. Bieten Sie Ihrem Graupapagei zu Beginn süßes Obst, also Weintrauben, Äpfel (vor allem Golden Delicious) und Bananen an. Kaufen Sie einige Babygläschen mit Frühkarottenbrei (ab dem 4. Monat) und wärmen Sie diese leicht an. Essen Sie Ihrem Graupapagei diese Nahrung vor, damit er sieht, dass dieses »Futter« schmackhaft ist. Ihr Vogel kennt diese Nahrung nicht und muss langsam herangeführt werden. Geben Sie niemals auf, denn die Grundvoraussetzung für die Gesundheit Ihres Graupapageis ist eine ausgewogene Diät.

? Unser Graupapagei muss auf Anordnung unseres Tierarztes täglich ein flüssiges Medikament zu sich nehmen. Wie können wir es verabreichen?

Geben Sie Ihrem Grauen morgens zum Frühstück ein kleines Stück trockenes Vollkornbrot oder einen Papageienkeks. Tropfen Sie das Medikament, möglichst ohne dass der Vogel es sieht, auf den Kräcker und geben Sie es dem Graupapagei. Sollte er den Kräcker verweigern, geben Sie die Tropfen in ein wenig Futterbrei und verfüttern diesen mit dem Löffel (→ Seite 41).

? Unsere Grauen möchten bei den Mahlzeiten von unseren Tellern essen. Ist das gefährlich?

Ja, denn wir essen unsere Speisen gewürzt und leider oft zu fett. Nehmen Sie von Ihren Speisen vor dem Würzen ei-

Regelmäßiges Duschen oder Baden ist wichtig für gesunde Haut und gepflegtes Gefieder.

nen kleinen Teil weg und stellen Sie ihn für die Grauen an die Seite. Reichen Sie den Vögeln Nudeln mit pürierten rohen Tomaten. Inzwischen gibt es im Internet Rezeptseiten für Papageienkuchen, -pizza, -eintopf und -nudelgerichte (→ Internetadressen, Seite 60). Dort können Sie sich Anregungen holen. Gibt es zu große Probleme mit den Papageien während der Mahlzeiten, setzen Sie die Grauen in einen Käfig in der Nähe des Esstisches und geben Sie ihnen dort ihr Futter.

? Wir haben einen Graupapagei übernommen, der sich seit Jahren seine Federn rupft. Wie kann man dem Vogel helfen?
Bringen Sie den Grauen zum Tierarzt und lassen Sie ihn untersuchen. Hat der Arzt alle physischen Probleme ausgeschlossen, müssen Sie die Haltungsbedingungen prüfen: Hat der Vogel genug erholsamen Schlaf? Wird er ausgewogen gefüttert? Steht sein Käfig am richtigen Ort? Wird seine Intelligenz ausreichend gefördert? Bessert sich sein Verhalten nicht, obwohl Sie alle psychischen und physischen Bedürfnisse befriedigt haben, suchen Sie einen Behaviour Consultant (Verhaltensberater), mit dem Sie sich gut verstehen und erarbeiten Sie eine Therapie für den Papagei (→ Internetadressen, Seite 60). Niemand kann versprechen, dass der Papagei aufhören wird, sich zu rupfen, aber Sie werden in jedem Fall seine Lebensqualität erheblich steigern können.

? Mein Graupapagei badet nicht und riecht auch recht muffig. Wie kann ich ihn zum Baden bringen?
Üben Sie keinen Druck auf Ihren Grauen aus und besprühen Sie ihn nie gewaltsam. Er hat vermutlich das Baden nicht gelernt und muss nun langsam daran herangeführt werden. Erhöhen Sie die Luftfeuchte und stellen Sie einen Zimmerbrunnen ohne Steinchen zur Verfügung. Wenn Ihr Graupapagei es möchte, darf er mit Ihnen ins Bad, während Sie duschen. Singen Sie laut und zeigen Sie ihm, wie viel Spaß Sie haben. Bereits die hohe Luftfeuchte wird ihn zur Gefiederpflege anregen. Sollte es sich um eine Phobie (krankhafte Angst) handeln, braucht Ihr Grauer professionelle Hilfe.

MEINE TIPPS FÜR SIE

Hildegard Niemann

Hilfe vom Profi

Viele Graupapageien werden verhaltensauffällig, weil sie keine andere Möglichkeit haben, ihre Nöte und Ängste mitzuteilen. Kein Papagei beißt, schreit oder rupft sich, um Sie zu ärgern.

- Nehmen Sie Verhaltensauffälligkeiten nie persönlich.
- Bleiben Sie ruhig und lassen Sie sich nicht zu »Hau-ruck«-Lösungen hinreißen.
- Suchen Sie sich einen guten Verhaltenstherapeuten. Er erarbeitet mit Ihnen eine Lösung. Ein Papagei sollte nie sein Heim verlieren, weil er soziale Probleme hat.
- Versuchen Sie, die Ursache für Beißattacken oder Schreien herauszufinden und beseitigen Sie sie.
- Bedenken Sie: Viele Graupapageien wurden schlecht oder gar nicht sozialisiert und finden sich im Lebensraum Wohnzimmer nicht zurecht. Auch wenn es Ihnen nicht so erscheint: Das beste Zuhause für Ihren Graupapagei ist bei Ihnen, denn Sie sind sein Schwarm.

Beschäftigungs-Programm

Die schönsten Beschäftigungsideen

Graupapageien lernen durch Nachahmung. In ihrem natürlichen Lebensraum werden sie nach dem Flüggewerden von den Eltern geführt und imitieren deren Verhalten. Bei uns müssen wir diese Aufgabe übernehmen und den Vögeln zeigen, wie sie sich beschäftigen können.

➤ In einem neuen Spielzeug sieht ein Graupapagei eventuell eine Gefahr. Er wird sich vielleicht davor fürchten.

TIPP

Sicheres Spielzeug

➤ Kaufen Sie nur für Graupapageien ausgewiesene Artikel.

➤ Spielzeug für Papageien hat unterschiedliche Maße. Ihr Grauer kann sich in ungeeignetem Spielzeug verheddern oder einklemmen.

➤ Kaufen Sie nie gebrauchtes Spielzeug: Einige Papageienkrankheiten werden durch Staub übertragen.

➤ Lassen Sie neues Spielzeug einige Tage außerhalb des Käfigs auf dem Boden liegen. Schieben Sie es dann immer näher an den Käfig heran.

➤ Beginnen Sie damit zu spielen und lachen Sie dabei.

➤ Entspannt sich Ihr Grauer, hängen Sie das Spielzeug tagsüber außen an den Käfig, aber nur, wenn der Vogel das akzeptiert. Will der Vogel in den Käfig, nehmen Sie es ab.

➤ Toleriert der Graue das Spielzeug und spielt von Innen damit, dürfen Sie es in den Käfig hängen.

➤ Lassen Sie neues Spielzeug niemals über Nacht im Käfig.

Neugier wecken

Graupapageien gehören zu den etwas ruhigeren Papageien, die detailversessen sind und ein Spielzeug sehr genau untersuchen. Sie mögen Sachen, die man zerrupfen und zernagen kann, schätzen aber auch Intelligenzspielzeuge, Puzzles und Bewegungsspielzeug und natürlich jenes Spielzeug, das sie auf keinen Fall benutzen dürfen: Kugelschreiberminen, Telefonschnüre, Kabel, Computermäuse, klingelnde Handys. Je verbotener ein Spielzeug, desto begehrenswerter ist es für Ihren Grauen. Machen Sie sich diese Eigenschaft zunutze und verbieten Sie Ihrem Grauen, mit bestimmten Spielzeugen zu spielen und behalten Sie diese nur für sich. »Vergessen« Sie das

Akrobaten-Training: Bewegungsspielzeuge schulen den Gleichgewichtssinn.

1 Denksport

Wie bekommt man den Ring von der Rassel? Die Frage fasziniert den jungen Graupapagei so, dass er sich intensiv mit dem Spielzeug beschäftigt.

2 Schaukel-Spaß

Eine Schaukel mit Ringen ist Bewegungs- und Nagespielzeug zugleich. Hier kann der Graupapagei toben, schaukeln, knabbern und beißen.

3 Langeweile ade!

Ihr Graupapagei sollte überall in der Wohnung Handspielzeuge in kleinen Körbchen finden. Diese Klötze darf er zernagen und durch die Luft werfen.

Spielzeug dann und wenden Sie sich ab. Der Gelegenheit kann garantiert kein Grauer widerstehen!

Spannung, Spiel & Spaß

Im Schnitt sollte jeder Graupapagei 18 bis 20 Spielzeuge besitzen, von denen durchschnittlich sechs (3 im Käfig und 3 am Freisitz) in Gebrauch sein sollten. Wechseln Sie die Spielsachen regelmäßig aus, damit der Vogel sich nicht langweilt. Zusätzlich sollte Ihr Graupapagei einen kleinen Weidenkorb mit Handspielzeug besitzen. Neben Rasseln, Bällen, Toilettenrollen und kleinen Seilspielzeugen können hier auch Leckerchen wie Bananenchips versteckt werden. Ebenso kann man altes und zernagtes Spielzeug auseinander knoten und die restlichen Holzklötzchen in diesen Korb legen.
Graupapageien räumen mit Genuss den ganzen Korb aus. Viele lieben auch Spielzeug, das Geräusche macht. Favoriten sind Glöckchen und Acrylspielzeuge, die klappern. **Sicherheit** ist ein wichtiger Aspekt. Kontrollieren Sie täglich das Spielzeug und sortieren Sie beschädigtes aus.

Spiele mit dem Halter

Am liebsten spielen Graue aber mit ihrem »Schwarm«.

➤ Wiederholen Sie die Laute, die Ihr Grauer macht. Sinn dieses Spieles ist es herauszufinden, wie viele Geräusche Ihr Grauer bereits beherrscht und ob er diese auch wiederholen kann. Dieses Spiel kann man auch wunderbar als Kontaktspiel von Raum zu Raum spielen.

➤ Auch »Kuckuck« ist ein tolles Spiel. Nehmen Sie ein Küchentuch und verstecken Sie sich dahinter. Lassen Sie es langsam sinken und rufen Sie »Kuckuck« – Sie werden Ihren Grauen lachen sehen!

➤ Ebenfalls sehr beliebt sind Ballspiele. Viele Papageien spielen gerne Fußball, und kaum etwas macht mehr Spaß als ein Match mit zwei Grauen, denn die beiden spielen nicht nur am Boden, sondern auch in der Luft.

Sprechen lernen

Alle Graupapageien können sprechen, aber nicht alle tun es. Timneh-Graupapageien beginnen mit etwa sechs Monaten zu sprechen, Kongo-Graupapageien entwickeln sich etwas später. Grund für diese Verzögerung ist sicher die unterschiedliche Sozialisierung der beiden Unterarten (→ Seite 12/13). Die Nachahmung von Lauten dient unseren Graupapageien als Kommunikationsmittel in ihrem »Familienschwarm«. Inzwischen ist bekannt, dass Graupapageien, die in einem Vogelzimmer leben, weniger mit ihren Haltern kommunizieren als Graue, die den ganzen Tag aktiv am Familienleben teilnehmen dürfen.

Der richtige Zeitpunkt

Beginnen Sie sofort mit Ihrem Grauen zu reden, wenn Sie ihn nach Hause holen. Erklären Sie alles, was Sie tun mit freundlicher Stimme.

➤ Verwenden Sie für eine bestimmte Handlung immer denselben Begleittext und üben Sie das dazugehörige Kommando ein. So wird Ihr

Die zwei haben sicher viel Spaß beim Farbenlernen. Ein Graupapagei besitzt die Intelligenz eines vier- bis sechsjährigen Kindes. Wer übt hier also mit wem?

Kletterpartie: Die Nahrungssuche am Freisitz fordert Körper und Köpfchen.

Grauer schnell begreifen, was Sie im nächsten Moment tun werden. Sie vermitteln ihm ein hohes Maß an Kompetenz und Sicherheit.

➤ Wenn Sie Ihrem Grauen eine Leckerei oder ein Spielzeug geben, fragen Sie: »Möchtest du die Möhre? Hier ist die Möhre!« So lernt Ihr Grauer, ein Objekt mit einem Wort zu verbinden und wird im Lauf der Zeit selbst nach dem Objekt fragen.

➤ Fragt Ihr Grauer nach einem Objekt, müssen Sie es ihm sofort geben, auch wenn das mehrere Male hintereinander ist. Am Anfang ist das sehr ermüdend, aber Ihr Grauer wird dieses Spiel nicht ewig spielen wollen und sich etwas anderem zuwenden.

➤ Sprechen Sie mit hoher Stimme aber nicht in »Babysprache«, es sei denn, Sie möchten sie anschließend auch von Ihrem Vogel hören!

Kopf- & Muskeltraining

Einen sehr geeigneten Rahmen für die Kommunikation mit Ihrem Graupapagei bietet der Tagesablauf.

➤ Holen Sie Ihren Grauen mit einem festgelegten Satz, wie »Willst du spielen?«, aus dem Käfig und bringen Sie ihn zum Freisitz. Dieser sollte weit weg vom Käfig stehen, damit er fliegen muss, um wieder zum Käfig zu kommen oder eine andere Stelle im Raum zu erreichen.

➤ Fragen Sie dann, ob Ihr Grauer eine Leckerei möchte und bestätigen Sie dies mit dem entsprechenden Satz.

➤ Verstecken Sie die Leckereien in einem Treat-Spielzeug (Belohnungs-Spielzeug) und erklären Sie Ihrem Grauen, dass er sich seine Belohnung erarbeiten soll (→ Foto, Seite 34). So ist Ihr Papagei eine Weile beschäftigt und hat gleichzeitig etwas Sprachtraining erhalten.

➤ Achten Sie darauf, dass der Kletterbaum möglichst viele waagerechte Äste besitzt, an denen Sie viele Hängespielzeuge wie Seile und Schaukeln befestigen können. Eine Sisalspirale in entsprechender Entfernung perfektioniert den »Sportpark« und wenn Sie die verschiedenen Spielgeräte zusätzlich benennen, ist das Training für Kopf und Körper garantiert.

TIPP

Wie sag ich's meinem Graupapagei?

➤ Wiederholen Sie nicht immer wieder dasselbe Wort, damit Ihr Grauer dies nachspricht. Das ist sowohl für Sie als auch für Ihren Grauen sehr langweilig.

➤ Fragen Sie Ihren Grauen lieber zunächst mit gleichgültiger Stimme: »Wie geht es dir?« und antworten Sie dann mit enthusiastischer Stimme z. B.: »Prima!«.

➤ Ihr Grauer wird die Antwort eher nachsprechen, weil Sie diese freudig vorgetragen haben, und es entwickelt sich keine sinnentleerte Kommunikation zwischen Ihnen und Ihrem Papagei.

Graupapageien-Schule

Sozialisierung ist der Prozess, in dem ein intelligentes Lebewesen lernt, in seiner Umwelt und mit seinen Sozialpartnern zu überleben. Bei der Haltung in der Wohnung ist es Ihre Aufgabe, Ihrem Graupapagei die Regeln dieses Lebensraums zu vermitteln. Gleichzeitig müssen Sie das äußerst starke Sicherheitsbedürfnis des sensiblen Vogels befriedigen und ihn geistig und körperlich fordern. Ein Graupapagei, der nicht ausreichend sozialisiert wird, zeigt zwangsläufig Verhaltensauffälligkeiten, reagiert verunsichert auf Veränderungen und ist Fremden gegenüber aggressiv oder sehr ängstlich (→ Seite 43). Es ist die Pflicht jedes Halters, seinen Vogel ausreichend zu sozialisieren, damit er emotional gesund bleibt.

TIPP

Positiv bestärken

- ➤ Bestätigen Sie im Alltag vor allem die Verhaltensweisen, die Sie von Ihren Grauen wünschen.
- ➤ Loben Sie z. B. kräftig, wenn Ihre Grauen ruhig auf dem Freisitz spielen und geben Sie ihnen ein Leckerchen.
- ➤ Diese positive Bestätigung erzieht auf sehr sanfte und liebevolle Art.

Erziehung

Sie ist der Grundstein für gute Papageienhaltung. Ihr Jungvogel braucht eine zuverlässige Person, an der er sich orientieren und auf die er sich verlassen kann.

➤ Beginnen Sie damit, den Grauen immer aus seinem Käfig abzuholen. Wenn Ihr Vogel dies toleriert, greifen Sie in den Käfig. Holen Sie ihn stets mit einem bestimmten Kommando ab. Bald wird Ihr Papagei durch das Kommando lernen, was Sie von Ihm erwarten und welche Handlung nun folgt.

➤ Benutzen Sie auch ein Kommando, wenn Ihr Grauer wieder in den Käfig soll.

➤ Legen Sie Regeln fest, die von allen Familienmitgliedern, Freunden und Besuch befolgt werden sollten, auch von Ihrem Graupapagei. Diese Form der Sozialisierung macht Sie zum kompetenten »Vogel im Schwarm«, an den sich Ihr Grauer jederzeit wenden kann, wenn er verunsichert oder ängstlich ist.

Nach dem Training wartet eine besondere Leckerei auf den Graupapagei.

1 »Auf«

Bieten Sie dem Grauen mit dem Komando »Auf« Ihre Hand zum Aufsteigen an und locken Sie ihn mit Leckerchen. Steigt er auf, sofort kräftig loben!

2 »Ab«

Lassen Sie den Graupapagei aus leicht erhöhter Position wieder auf den Ast steigen und sagen Sie während dessen freundlich »Ab«.

3 »Bleib«

Das schwierigste Kommando! Zu Beginn der Übung sollte der Graue nur kurz sitzen bleiben. Je nach Toleranz wird die Zeitspanne verlängert.

Basiskommandos

Basis jeder Erziehung ist das Erlernen der Kommandos »Auf«, »Ab« und »Bleib«. Diese Kommandos brauchen Sie, weil ein Papagei bei seinen Freiflügen in nicht vorhersehbare Gefahren geraten kann. Halten Sie mehrere Vögel, kann es zu Auseinandersetzungen zwischen ihnen kommen. Auch wenn Sie Ihren Grauen mal an einen anderen Ort transportieren, brauchen Sie die Basiskommandos. Sie geben Ihnen eine gute Möglichkeit, auf Ihren Vogel einzuwirken, auch wenn die Situation problematisch ist.

➤ Üben Sie die Kommandos zunächst in einem neutralen Raum, den der Papagei nicht kennt. So ist die Aufmerksamkeit auf Sie gerichtet.

➤ Besitzen Sie mehrere Tiere, trainieren Sie, wenn das Tier eine Trennung verkraftet, erst mit dem einen, dann mit dem anderen Vogel. Kann der Partnervogel nicht alleine bleiben, darf er zusehen.

➤ Setzen Sie den Vogel nun auf einen U-Stand und loben Sie ihn kräftig. Bieten Sie dem Graupapagei dann Ihre Hand zum Aufsteigen an und zeigen Sie mit der anderen Hand ein Leckerchen. Ihr Grauer wird nach kurzer Zeit auf Ihre Hand steigen (→ Foto 1). Sagen Sie gleichzeitig das Kommando »Auf« und bestätigen Sie mit dem Leckerchen. Loben Sie Ihren Grauen kräftig!

➤ Das Kommando »Ab« erfolgt, in dem man den Grauen von hinten an den T-Stand heranführt und ihn von der etwas erhöhten Hand absteigen lässt. Auch hier wird beim Absteigen das Kommando »Ab« gegeben (→ Foto 2). Bestätigen Sie reichlich!

➤ Das Kommando »Bleib« dient dazu, den Grauen kurz abzusetzen. Benutzen Sie »Ab« zum Absetzen und zeigen Sie dann die flache, erhobene Hand mit dem Kommando »Bleib« (→ Foto 3). Warten Sie kurz, holen Sie dann den Grauen mit »Auf« wieder auf die Hand und loben Sie. Je nach »Toleranzschwelle« des Vogels können Sie die Wartezeit verlängern.

Für kluge Köpfe: Tricktraining

Hat ein Graupapagei erst einmal die Basiskommandos erlernt, ergeben sich zahlreiche andere Möglichkeiten, ihn geistig zu fordern. Unterstützen Sie Verhaltensweisen, die Sie öfter sehen möchten, mit einem Kommando und loben Sie den Vogel kräftig.

➤ Streckt ein Grauer seine Flügel, geben Sie das Kommando »Adler« und bestätigen sofort das positive Verhalten durch Belohnung (→ Foto 2). Mit der Zeit wird er das Kommando mit dem Flügelstrecken verbinden und Sie können ihn dazu auffordern.

➤ Eine gute Übung ist »Händeschütteln«. Setzen Sie Ihren Grauen wieder auf den T-Stand und setzen Sie ohne verbale Begleitung dazu an, den Vogel erneut auf die Hand zu nehmen. Ihr Grauer wird einen Fuß heben, um auf die Hand zu steigen. Berühren Sie kurz den Fuß und geben Sie ein passendes Kommando (→ Foto 1). Ziehen Sie dann Ihre Hand zurück und loben Sie den klugen Papagei.

Beide Übungen sind sehr gut geeignet, um die einzelnen Körperpartien Ihres Grauen zu betrachten, und sie ermöglichen Ihnen, den Gesundheitszustand Ihres Papageis zu überwachen. Es gibt viele Tricks, die Sie Ihren Grauen beibringen können: Drehen um die eigene Achse, das Apportieren eines Balls, tanzen, ein Puzzle spielen (→ Foto 3).

Wichtig beim täglichen Training ist, dass es allen Beteiligten Spaß macht und dass Ihre Aufmerksamkeit ganz auf Ihre Papageien gerichtet ist. Ihre Grauen brauchen das Gefühl, dass Sie ihnen als kompetentes Schwarmmitglied viel Interesse und Zuneigung entgegenbringen.

1 »Shake-Hands«

Halten Sie Ihrem Grauen die Hand so hin, dass er versucht, daraufzusteigen. Hebt er den Fuß, tippen Sie die Fußsohle an und geben das Kommando.

2 »Adler«

Geben Sie das Kommando »Adler«, wenn Ihr Grauer die Flügel hebt. Bestätigen Sie ihn! So lernt er, Bewegung und Kommando zu verknüpfen.

3 Papageien-Puzzle

Sie eignen sich sehr gut, um Farben und Formen zu üben. Dieser Papagei beherrscht das Spiel perfekt. Er braucht bald eine neue Herausforderung.

Wohin mit dem Graupapagei im Urlaub?

Jeder Papageienhalter möchte Urlaub machen, aber nicht alle Papageien können ihre Halter begleiten. Dann ist ein Vogelsitter oder eine Pflegestation nötig, um die Pfleglinge zu versorgen. Zwei Aspekte sollten beachtet werden: einen qualifizierten Vogelsitter zu finden und die Tiere auf diese Zeit vorzubereiten.

➤ Laden Sie den Vogelsitter zu einem ausführlichen Gespräch zu sich nach Hause ein und beobachten Sie, wie Ihr Grauer auf ihn reagiert. Ein professioneller Vogelsitter sollte Referenzen von anderen Vogelhaltern zeigen können.

➤ Sollten Sie planen, Ihren Graupapagei in eine Pflegestation zu bringen, machen Sie vorher einen Termin zur Besichtigung aus.

➤ Wenn Sie Ihren Grauen zu Freunden bringen, vielleicht im gegenseitigen Wechsel, besuchen Sie Ihre Freunde zusammen mit Ihrem Tier und zeigen Sie ihm sein Urlaubsdomizil. Lassen Sie Ihren Vogel für eine Stunde zum Spielen dort und holen Sie ihn nachher wieder ab.

➤ Kurz vor dem Urlaub darf Ihr Grauer zu einer Art »Pyjamaparty« in sein Feriendomizil. Bringen Sie den Papagei abends zu Ihren Freunden, verabschieden Sie sich und holen Sie ihn am nächsten Tag wieder ab. So lernt Ihr Grauer, dass Sie wiederkommen, auch wenn Sie über Nacht fortgehen. Diese Urlaubsvorbereitung vermittelt Ihrem Graupapagei Sicherheit. Bitte geben Sie niemals Jungvögel unter einem Jahr in Pflege, sondern nehmen Sie diese, wenn möglich, mit. Geht das nicht, sollten Sie Ihren Urlaub lieber zu Hause bei Ihrem Tier verbringen.

So viele Farben! Graupapageien können Farben und Formen unterscheiden.

CHECKLISTE

Der richtige Vogelsitter

- ✔ Wie viele Papageien wird der Vogelsitter während Ihres Urlaubs beaufsichtigen?
- ✔ Besitzen alle Papageien, die der Vogelsitter beaufsichtigt, ein aktuelles Gesundheitszertifikat (einschließlich Ihres eigenen Papageis)?
- ✔ Wie verfährt der Vogelsitter mit Notsituationen?
- ✔ Wie häufig werden die Käfige gereinigt?
- ✔ Wie viele Stunden am Tag darf Ihr Grauer den Käfig verlassen und Freiflug genießen?
- ✔ Wie häufig wird intensiv mit Ihrem Grauen gespielt?
- ✔ Fühlen Sie sich wohl bei dem Gedanken, Ihren Grauen bei diesem Sitter zu lassen?

Fragen rund um Spielen, Erziehung und Training

Unsere Graupapageien haben sehr viel Spielzeug im Käfig, aber sie beschäftigen sich gar nicht damit. Ist es vielleicht nicht das richtige Spielzeug?
Ein Käfig sollte nicht mit Spielzeug überfrachtet werden. Zum einen besteht die Möglichkeit, dass sich Ihre Grauen vor dem Spielzeug fürchten, zum anderen können sie überfordert sein. Lassen Sie eine Hälfte des Käfigs frei von Spielzeug und bieten Sie das entfernte lieber auf dem Freisitz an. Beobachten Sie, wie Ihre Grauen auf die verschiedenen Spielzeuge reagieren und versuchen Sie herauszufinden, welches ihr Lieblingsspielzeug ist. Dies sollte immer im Käfig bleiben, das restliche Spielzeug dürfen Sie immer wieder auswechseln (→ Seite 49).

Unsere Graupapageien sprechen kein einziges Wort. Ist das normal oder sind sie nicht klug genug?
Graupapageien sind Individualisten, die selbst entscheiden, ob sie sprechen lernen oder nicht. Ihre Graupapageien werden genauso intelligent sein wie alle anderen Grauen auch, haben aber vielleicht einen besonders introvertierten Charakter. Messen Sie dem Sprechen einfach keine Bedeutung mehr bei und genießen Sie das Spiel mit Ihren Grauen. Vielleicht sind Ihre Vögel aber noch nicht alt genug. Beispielsweise beginnen Kongo-Graupapageien erst mit einem Jahr, sich durch Laute mit anderen Artgenossen zu verständigen. In diesem Fall lassen Sie den Vögeln etwas mehr Zeit.

Mein Graupapagei spricht sehr viel und deutlich. Ist er ganz besonders talentiert?
Ihr Graupapagei ist sicher ein sehr intelligenter Vogel. Sie haben sich vermutlich sehr viel mit ihm beschäftigt und er ist optimal in die Familie integriert. Diese gute Sozialisation bedingt, dass der Graue viel mit »seinem Schwarm« kommunizieren will.

Tägliches Klettern und Fliegen halten Ihren Graupapagei gesund und fit.

Ich möchte mit meinem Graupapagei trainieren. Wann ist die beste Tageszeit?
Sie sollten zweimal täglich mit Ihrem Graupapagei mindestens fünf Minuten intensiv trainieren (→ Seite 11 und 54/55). Wählen Sie eine Tageszeit, zu der Sie ausgeglichen und stressfrei sind. Hier empfiehlt sich meist der frühe Morgen oder der Abend. Trainieren Sie nur, wenn Sie Lust dazu haben, denn Ihr Graupapagei spürt es, wenn Sie müde oder schlecht gelaunt sind, und wird dann die Mitarbeit verweigern.

Unser Graupapagei ist extrem ängstlich, man darf nicht einmal eine Lampe verschieben. Was können wir tun?
Ihr Grauer wurde mangelhaft sozialisiert, denn er hat nicht gelernt, mit Veränderungen in seinem Lebensraum zurecht zu kommen. Beginnen Sie langsam, Veränderungen in seiner Umgebung vorzunehmen, erklären Sie ihm, dass er sicher ist und führen Sie ihn stetig an neue Dinge heran. Wenn Ihr Grauer nicht aus seiner Isolation geholt wird, kann dies für ihn katastrophale Folgen haben.

Unsere Graupapageien sind sehr verspielt. Sogar mit ihrem Frischfutter wollen sie nur spielen. Wie können wir ihnen das abgewöhnen?
Gar nicht! Graupapageien sind Meister im Obstweitwurf und Gemüseschleudern. Und nichts ist schöner für ein Pärchen Graupapageien als eine ordentliche Gemüseschlacht mit einem zeternden Halter. Auch wenn Sie es nicht sehen, Ihre Grauen werden sicher etwas von dem Futter fressen, und wenn sie mit dem Rest spielen, ist dies völlig in Ordnung. Ihre Graupapageien benehmen sich ganz normal und fühlen sich vermutlich rundum wohl!

Wir würden unsere Graupapageien gerne mit in den Urlaub an die Ostsee nehmen. Schadet ihnen so eine Reise?
Nein, ganz im Gegenteil. Ihre Grauen werden neue Eindrücke bekommen und viel Zeit mit Ihnen verbringen. Gewöhnen Sie die Grauen jedoch zuvor mit kurzen Stippvisiten ans Autofahren, besorgen Sie sich einen Reisekäfig und vor Ort einen Tierarzt für Notfälle.

MEINE TIPPS FÜR SIE

Hildegard Niemann

Sieben goldene Regeln für die Haltung

- Spielen Sie täglich zweimal 15 Minuten intensiv mit Ihrem Graupapagei, ohne sich durch Telefon, den Computer oder eine andere Person ablenken zu lassen.
- Sozialisieren Sie Ihren Grauen, indem Sie ihm viele Sozialkontakte ermöglichen.
- Wechseln Sie von Anfang an immer wieder das Spielzeug und die Einrichtung des Käfigs. So wird Ihr Grauer an Veränderungen in seiner Umwelt gewöhnt.
- Nehmen Sie Ihren Papagei mit zu Freunden. Neue Eindrücke beschäftigen ihn und halten ihn geistig fit.
- Legen Sie Regeln fest, an die sich alle zu halten haben: Papagei, Familienmitglieder und auch Besuch.
- Trainieren Sie mit einem verhaltensauffälligen Grauen in einem neutralen Zimmer, so haben Sie seine volle Aufmerksamkeit.
- Suchen Sie professionelle Hilfe, wenn Sie ein Problem mit Ihrem Grauen haben.

Halbfett gesetzte Seitenzahlen verweisen auf Abbildungen, U = Umschlagseite.

Adressen

Verbände/Vereine

➤ Vereinigung für Artenschutz, Vogelhaltung und Vogelzucht e.V. (AZ), PF 1168, 71501 Backnang www.azvogelzucht.de

➤ Der Blaue Kreis, Zoologische Gesellschaft Österreichs für Tier- und Artenschutz, Schadekgasse 6, A-1060 Wien

Hier erhalten Sie Anschriften von Vogelclubs in Ihrer Nähe. Bitte legen Sie Ihren Anfragen einen frankierten Rückumschlag bei.

AN UNSERE LESER

➤ Gehen Sie mit Ihrem Vogel schon bei den ersten Anzeichen einer Erkrankung zum Tierarzt.

➤ Wer allergisch auf Federn oder Federstaub reagiert, sollte keine Vögel halten. Fragen Sie im Zweifelsfall Ihren Hausarzt.

➤ Bei einer Erkältung sollten Sie Ihren Arzt auf die Vogelhaltung hinweisen.

➤ Verletzungen durch einen Vogel müssen umgehend vom Arzt versorgt werden.

Papageien im Internet

Praxistipps und Informationen zu Pflege, Ernährung und Gesundheit der Graupapageien, Buchtipps, Adressen von Züchtern und Vereinen finden Sie auf diesen Internetseiten:

➤ www.papageien-training.de

➤ www.papageien.de

➤ www.papageienfonds.de

➤ www.papageien.org

Tolle Rezepte zum Selberkochen (engl.):

➤ www.parrothouse.com/recipes.html

Informationen über giftige Pflanzen finden Sie unter:

➤ www.giftpflanzen.ch

Fragen zur Haltung

Ihr Zoofachhändler und der Zentralverband Zoologischer Fachbetriebe Deutschlands e.V. (ZZF), Tel.: 06103/910732 (nur telefonische Auskunft möglich: Mo 12–16 Uhr, Do 8–12 Uhr), www.zzf.de

Der ZZF hat einen bundesweiten Suchdienst für entflogene Vögel eingerichtet. Alle beringten Vögel können aufgrund der Fußringe identifiziert und ihrem Besitzer zugeordnet werden.

Bücher

➤ Haupt, T.: Sittiche. Gräfe und Unzer Verlag, München

➤ Low, R.: Papageien sind einfach anders. Ulmer Verlag, Stuttgart

➤ Schnabl, H.: Vogelfutterpflanzen. Arndt Verlag, Bretten

Zeitschriften

➤ WP-Magazin, Zeitschrift für Vogelhalter. Arndt Verlag, Bretten

➤ Papageien, Fachzeitschrift über Haltung, Zucht & Freileben der Papageien. Arndt Verlag, Bretten

➤ Die Voliere. Verlag M. & H. Schaper, Alfeld

➤ Gefiederte Welt, Fachzeitschrift für Vogelliebhaber und Vogelzüchter. Ulmer Verlag, Stuttgart

➤ Der Vogelfreund. Mitgliederzeitschrift des DKB. Verlag Hanke, Künzelsau

➤ AZ-Nachrichten. Mitgliederzeitschrift der AZ (→ Adressen). Verlag M. & H. Schaper, Alfeld

Dank

Für die Unterstützung bei der Fotoproduktion an Wagner's Papageien-Paradies, Geilenkirchen (Zimmervoliere und Papageienspielzeug)

Die Autorin

Hildegard Niemann ist Diplom-Biologin und freiberuflich tätig als »Parrot Behaviour Consultant«. Sie berät Papageienhalter zum Thema Verhalten, Haltung und Ernährung. Für das WP-Magazin arbeitet Sie als Autorin und veröffentlicht zahlreiche Fachartikel. Auch privat leisten ihrer Familie Papageien Gesellschaft.

Der Fotograf

Oliver Giel hat sich erfolgreich auf die Natur- und Tierfotografie spezialisiert.
Alle Fotos stammen von Oliver Giel.
Seite 6: Karl-Heinz Lambert

Syndication:
www.jalag-syndication.de

Impressum

Projektleitung: Veronika Sonnleitner
Lektorat: Barbara Kiesewetter
Layout: independent Medien-Design, Horst Moser, München
Satz: Uhl + Massopust, Aalen
Produktion: Bettina Häfele
Repro: Longo AG, Bozen
Druck und Bindung: Kaufmann, Lahr
Printed in Germany

ISBN 978-3-7742-8836-2

3. Auflage 2010

GRÄFE UND UNZER

Ein Unternehmen der
GANSKE VERLAGSGRUPPE

Unsere Garantie

Alle Informationen in diesem Ratgeber sind sorgfältig und gewissenhaft geprüft. Sollte dennoch einmal ein Fehler enthalten sein, schicken Sie uns das Buch mit dem entsprechenden Hinweis an unseren Leserservice zurück. Wir tauschen Ihnen den GU-Ratgeber gegen einen anderen zum gleichen oder ähnlichen Thema um.

Liebe Leserin und lieber Leser,

wir freuen uns, dass Sie sich für ein GU-Buch entschieden haben. Mit Ihrem Kauf setzen Sie auf die Qualität, Kompetenz und Aktualität unserer Ratgeber. Dafür sagen wir Danke! Wir wollen als führender Ratgeberverlag noch besser werden. Daher ist uns Ihre Meinung wichtig. Bitte senden Sie uns Ihre Anregungen, Ihre Kritik oder Ihr Lob zu unseren Büchern. Haben Sie Fragen oder benötigen Sie weiteren Rat zum Thema? Wir freuen uns auf Ihre Nachricht!

Wir sind für Sie da!
Montag – Donnerstag: 8.00 – 18.00 Uhr;
Freitag: 8.00 – 16.00 Uhr
Tel.: 0180 - 5 00 50 54*
Fax: 0180 - 5 01 20 54*
E-Mail:
leserservice@graefe-und-unzer.de

*(0,14 €/Min. aus dem dt. Festnetz/ Mobilfunkpreise maximal 0,42 €/Min.)

P.S.: Wollen Sie noch mehr Aktuelles von GU wissen, dann abonnieren Sie doch unseren kostenlosen GU-Online-Newsletter und/oder unsere kostenlosen Kundenmagazine.

GRÄFE UND UNZER VERLAG
Leserservice
Postfach 86 03 13
81630 München

Mein Graupapagei

Name: ______________________________

So füttere ich ihn:

____

____

____

Lieblingsspiele und Spielzeug:

____

____

____

So will er gepflegt werden:

____

____

____

Das sind seine Eigenheiten:

____

____

____

Besondere Kennzeichen:

____

____

____

Das ist sein Tierarzt:

____

____

____

BESUCH BEIM VOGELDOKTOR

Bringen Sie Ihren Graupapagei einmal jährlich zu einer **großen tierärztlichen Untersuchung**. Graue unter drei Jahren sollten halbjährlich dem Tierarzt vorgestellt werden, um die **gesunde Entwicklung** des Jungvogels zu gewährleisten. Besprechen Sie bei der Gelegenheit die Gabe von Vitaminen und Mineralstoffen.

Wohlfühl-Garantie für Graupapageien

WOHLFÜHL-HEIM

Richten Sie den Käfig nach der **3×3-Regel** ein. Überprüfen Sie, ob der Käfig mit Einrichtung immer noch ausreichend **Platz** für Ihre Grauen zum Spielen und Toben bietet und entscheiden Sie sich im Zweifelsfall für ein größeres Modell oder eine Papageienvoliere.

ERZIEHUNGSSACHE

Kann Ihr Grauer die **Basiskommandos**? Dann wird's aber höchste Zeit. »Auf«, »Ab«, »Nein« und »O. K.« sollte er lernen und befolgen. Diese Kommandos geben ihm Sicherheit und zeigen ihm, dass Sie ein kompetenter »Partner« sind, auf den er sich immer verlassen kann.

INTENSIVE BESCHÄFTIGUNG

Zweimal täglich sollten Sie Ihrem Graupapagei Ihre ganze Aufmerksamkeit widmen. Jetzt ist **intensives Spielen** angesagt, ohne dass Sie sich von Telefon, Türklingel, Familie, Fernse hen oder Radio stören lassen. Ihr Grauer genießt es, Ihre **Zuwendung** ganz für sich zu haben.